CARTA ENCÍCLICA

FRATELLI TUTTI

PAPA FRANCISCO

CARTA ENCÍCLICA
FRATELLI TUTTI

SOBRE A FRATERNIDADE
E A AMIZADE SOCIAL

Título original: Lettera Encíclica *Fratelli Tutti* Del Santo Padre Francesco sulla Fraternità e L'amicizia Sociale

Direção-geral: *Flávia Reginatto*

Editora Responsável: *Vera Bombonatto*

Tradução: *Tradução oficial da Santa Sé*

1ª edição – 2020
3ª reimpressão – 2023

© dos textos originais, 2020:
Amministrazione del Patrimonio della Sede Apostolica
Libreria Editrice Vaticana 00120 Città del Vaticano

© da tradução em português para o Brasil, 2020:
Edições CNBB - SAAN QUADRA 03, LOTES 590/600
Zona Industrial - Brasília-DF - CEP: 70.632-350

Nenhuma parte desta obra poderá ser reproduzida ou transmitida por qualquer forma e/ou quaisquer meios (eletrônico ou mecânico, incluindo fotocópia e gravação) ou arquivada em qualquer sistema ou banco de dados sem permissão escrita da Editora. Direitos reservados.

Cadastre-se e receba nossas informações
www.paulinas.com.br
Telemarketing e SAC: 0800-7010081

Paulinas
Rua Dona Inácia Uchoa, 62
04110-020 – São Paulo – SP (Brasil)
📞 (11) 2125-3500
✉ editora@paulinas.com.br

© Pia Sociedade Filhas de São Paulo – São Paulo, 2020

LISTA DE SIGLAS

AL	*Amoris Laetitia*
CA	*Centesimus Annus*
ChV	*Christus Vivit*
CIgC	Catecismo da Igreja Católica
CV	*Caritas in Veritate*
DAp	Documento de Aparecida
DCE	*Deus Caritas Est*
EG	*Evangelii Gaudium*
ES	*Ecclesia Suam*
EV	*Evangelium Vitae*
GeE	*Gaudete et Exsultate*
GS	*Gaudium et Spes*
LE	*Laborem Exercens*
LS	*Laudato Si'*
NA	*Nostra Aetate*
PP	*Populorum Progressio*
PT	*Pacem in Terris*
QA	*Querida Amazônia*
QAn	*Quadragesimo Anno*
RH	*Redemptor Hominis*
SRS	*Sollicitudo Rei Socialis*
VS	*Veritatis Splendor*

1. *"FRATELLI TUTTI"*,[1] escrevia São Francisco de Assis, dirigindo-se a seus irmãos e irmãs para lhes propor uma forma de vida com o sabor do Evangelho. Dos conselhos que ele oferecia, quero destacar o convite a um amor que ultrapassa as barreiras da geografia e do espaço; nele, declara feliz quem ama o outro, "o seu irmão, tanto quando está longe, como quando está junto de si".[2] Com poucas e simples palavras, explicou o essencial de uma fraternidade aberta, que permite reconhecer, valorizar e amar todas as pessoas, independentemente da sua proximidade física, do ponto da terra em que cada uma nasceu ou habita.

2. Esse Santo do amor fraterno, da simplicidade e da alegria, que me inspirou a escrever a Encíclica *Laudato Si'*, volta a inspirar-me para dedicar esta nova Encíclica à fraternidade e à amizade social. Com efeito, São Francisco, que se sentia irmão do sol, do mar e do vento, sentia-se ainda mais unido aos que eram de sua própria carne. Semeou paz por toda parte e andou junto dos pobres, abandonados, doentes, descartados, enfim, dos últimos.

---

[1] *Admoestações*, 6, 1: *Fonti francescane*, 155. Tradução da expressão italiana: "Todos irmãos".

[2] SÃO FRANCISCO DE ASSIS. *Regra não bulada dos Frades Menores*, 16, 3.6: *Fonti francescane*, 42-43.

Sem fronteiras

3. Na sua vida, há um episódio que nos mostra o seu coração sem fronteiras, capaz de superar as distâncias de proveniência, nacionalidade, cor ou religião: é a sua visita ao sultão Malik-al-Kamil, no Egito. Ela exigiu dele um grande esforço, devido à sua pobreza, aos poucos recursos que possuía, à distância e às diferenças de língua, cultura e religião. Aquela viagem, em um momento histórico marcado pelas Cruzadas, demonstrava ainda mais a grandeza do amor que queria viver, desejoso de abraçar a todos. A fidelidade ao seu Senhor era proporcional ao amor que nutria pelos irmãos e irmãs. Sem ignorar as dificuldades e perigos, São Francisco foi ao encontro do sultão com a mesma atitude que pedia aos seus discípulos: sem negar a própria identidade, quando estiverdes "entre sarracenos e outros infiéis [...], não façais litígios nem contendas, mas sede submissos a toda criatura humana por amor de Deus".[3] No contexto de então, era um pedido extraordinário. É impressionante que, há oitocentos anos, Francisco recomendasse evitar toda forma de agressão ou contenda e viver uma "submissão" humilde e fraterna, mesmo com quem não partilhasse a sua fé.

---

[3] SÃO FRANCISCO DE ASSIS. *Regra não bulada dos Frades Menores*, 16, 3.6: *Fonti francescane*, 42-43.

4. Não fazia guerra dialética impondo doutrinas, mas comunicava o amor de Deus; compreendia que "Deus é amor: quem permanece no amor, permanece em Deus" (1Jo 4,16). Assim, foi pai fecundo que suscitou o sonho de uma sociedade fraterna, pois "só o homem que aceita aproximar-se das outras pessoas com seu próprio movimento, não para retê-las no que é seu, mas para ajudá-las a serem mais elas mesmas, é que se torna realmente pai".[4] Naquele mundo cheio de torres de vigia e muralhas defensivas, as cidades viviam guerras sangrentas entre famílias poderosas, ao mesmo tempo que cresciam as áreas miseráveis das periferias excluídas. Lá, Francisco recebeu, no seu íntimo, a verdadeira paz, libertou-se de todo desejo de domínio sobre os outros, fez-se um dos menos favorecidos e procurou viver em harmonia com todos. Foi ele quem motivou estas páginas.

5. As questões relacionadas com a fraternidade e a amizade social sempre estiveram entre as minhas preocupações. A elas me referi repetidamente nos últimos anos e em vários lugares. Nesta Encíclica, quis reunir muitas dessas intervenções, situando-as em um contexto mais amplo de reflexão. Além disso, se na redação da *Laudato Si'* tive uma fonte de inspiração no meu irmão Bartolomeu, o Patriarca ortodoxo que propunha, com grande vigor, o cuidado da criação,

---

[4] ELOI LECLERC, OFM. *Exilio y ternura* (Madrid, 1987), 205.

agora me senti especialmente estimulado pelo Grande Imã Ahmad Al-Tayyeb, com quem me encontrei, em Abu Dhabi, para lembrar que Deus "criou todos os seres humanos iguais nos direitos, nos deveres e na dignidade e os chamou a conviver entre si como irmãos".[5] Não se tratou de mero ato diplomático, mas de uma reflexão feita em diálogo e de um compromisso conjunto. Esta Encíclica reúne e desenvolve grandes temas expostos naquele documento que assinamos juntos. Aqui, na minha linguagem própria, acolhi também numerosas cartas e documentos com reflexões que recebi de tantas pessoas e grupos de todo o mundo.

6. As páginas seguintes não pretendem resumir a doutrina sobre o amor fraterno, mas detêm-se na sua dimensão universal, na sua abertura a todos. Entrego esta Encíclica social como humilde contribuição para a reflexão, a fim de que, perante as várias formas atuais de eliminar ou ignorar os outros, sejamos capazes de reagir com um novo sonho de fraternidade e amizade social que não se limite a palavras. Embora a tenha escrito a partir das minhas convicções cristãs, que me animam e nutrem, procurei fazê-lo de tal maneira que a reflexão se abra ao diálogo com todas as pessoas de boa vontade.

---

[5] FRANCISCO; AL-TAYYEB, Ahmad. *Documento sobre a fraternidade humana em prol da paz mundial e da convivência comum* (Abu Dhabi, 4 de fevereiro de 2019): *L'Osservatore Romano* (ed. semanal portuguesa de 5/2/2019), 21.

7. Além disso, enquanto redigia esta Carta, irrompeu de forma inesperada a pandemia da Covid-19, que deixou descobertas as nossas falsas seguranças. Apesar das várias respostas que deram os diferentes países, ficou evidente a incapacidade de agir em conjunto. Embora estejamos superconectados, verificou-se uma fragmentação que tornou mais difícil resolver os problemas que nos afetam a todos. Se alguém pensa que se trata apenas de fazer funcionar melhor o que já fazíamos, ou que a única lição a aprender é que devemos melhorar os sistemas e regras já existentes, está negando a realidade.

8. Desejo ardentemente que, neste tempo que nos cabe viver, reconhecendo a dignidade de cada pessoa humana, possamos fazer renascer, entre todos, um anseio mundial de fraternidade. Entre todos: "Aqui está um ótimo segredo para sonhar e tornar a nossa vida uma bela aventura. Ninguém pode enfrentar a vida isoladamente [...]; precisamos de uma comunidade que nos apoie, que nos auxilie e dentro da qual nos ajudemos mutuamente a olhar em frente. Como é importante sonhar juntos! [...] Sozinho, corre-se o risco de ter miragens, vendo aquilo que não existe; é junto que se constroem os sonhos".[6] Sonhemos como

---

[6] FRANCISCO. *Discurso no encontro ecumênico e inter-religioso com os jovens* (Skopje – Macedônia do Norte, 7 de maio de 2019): *L'Osservatore Romano* (ed. semanal portuguesa de 14/5/2019), 13.

uma única humanidade, como caminhantes da mesma carne humana, como filhos dessa mesma terra que nos abriga a todos, cada qual com a riqueza da sua fé ou das suas convicções, cada qual com a própria voz, mas todos irmãos.

Capítulo I

AS SOMBRAS DE UM MUNDO FECHADO

9. Sem pretender efetuar uma análise exaustiva nem levar em consideração todos os aspectos da realidade em que vivemos, proponho apenas nos mantermos atentos a algumas tendências do mundo atual que dificultam o desenvolvimento da fraternidade universal.

Sonhos desfeitos em pedaços

10. Durante décadas, pareceu que o mundo tinha aprendido com tantas guerras e fracassos, e, lentamente, foi caminhando para variadas formas de integração. Por exemplo, avançou no sonho de uma Europa unida, capaz de reconhecer raízes comuns e regozijar-se com a diversidade que a habita. Lembremos "a firme convicção dos pais fundadores da União Europeia, que desejavam um futuro firmado na capacidade de trabalhar juntos para superar as divisões e promover a paz e a comunhão entre todos os povos do continente".[1] Ganhou força

---

[1] FRANCISCO. *Discurso no Parlamento Europeu* (Estrasburgo, 25 de novembro de 2014): *AAS* 106 (2014), 996.

também o anseio de uma integração latino-americana, e alguns passos começaram a ser dados. Em outros países e regiões, houve tentativas de pacificação e reaproximações que foram bem-sucedidas, e outras que pareciam promissoras.

11. Mas a história dá sinais de regressão. Reacendem-se conflitos anacrônicos que se consideravam superados, ressurgem nacionalismos fechados, exacerbados, ressentidos e agressivos. Em vários países, certa noção de unidade do povo e da nação, penetrada por diferentes ideologias, cria novas formas de egoísmo e de perda do sentido social, mascaradas por uma suposta defesa dos interesses nacionais. Isso nos lembra de que "cada geração deve tornar suas as lutas e as conquistas das gerações anteriores e levá-las a metas ainda mais altas. É o caminho. O bem, assim como, aliás, o amor, a justiça e a solidariedade, não se alcançam de uma vez por todas; hão de ser conquistados cada dia. Não é possível contentar-se com o que já se obteve no passado, nem acomodar-se a gozá-lo como se essa situação nos levasse a ignorar que muitos dos nossos irmãos ainda sofrem situações de injustiça que nos interpelam a todos".[2]

---

[2] FRANCISCO. *Discurso no encontro com as autoridades, a sociedade civil e o corpo diplomático* (Santiago – Chile, 16 de janeiro de 2018): *AAS* 110 (2018), 256.

12. "Abrir-se ao mundo" é uma expressão de que, hoje, se apropriaram a economia e as finanças. Refere-se exclusivamente à abertura aos interesses estrangeiros ou à liberdade dos poderes econômicos para investir sem entraves nem complicações em todos os países. Os conflitos locais e o desinteresse pelo bem comum são instrumentalizados pela economia global para impor um modelo cultural único. Essa cultura unifica o mundo, mas divide as pessoas e as nações, porque "a sociedade cada vez mais globalizada torna--nos vizinhos, mas não nos faz irmãos" (CV, n. 19).[3] Encontramo-nos mais sozinhos do que nunca neste mundo massificado, que privilegia os interesses indivi-duais e fragiliza a dimensão comunitária da existência. Em contrapartida, aumentam os mercados, nos quais as pessoas desempenham funções de consumidores ou de espectadores. O avanço desse globalismo favorece normalmente a identidade dos mais fortes que protegem a si mesmos; por outro lado, o mesmo avanço procura dissolver as identidades das regiões mais frágeis e pobres, tornando-as mais vulneráveis e dependentes. Dessa forma, a política torna-se cada vez mais frágil perante os poderes econômicos transnacionais, que aplicam o lema "divide e reinarás".

---

[3] BENTO XVI. Carta Encíclica *Caritas in Veritate*: sobre o desenvolvimento humano integral na caridade e na verdade. (Voz do Papa, 193). São Paulo: Paulinas, 2009.

O fim da consciência histórica

13. Pelo mesmo motivo, favorece também uma perda do sentido da história que provoca uma desagregação ainda maior. Nota-se a penetração cultural de uma espécie de "desconstrucionismo", em que a liberdade humana pretende construir tudo a partir do zero. Deixa de pé somente a necessidade de consumir sem limites e a acentuação de muitas formas de individualismo sem conteúdo. Nesse contexto, colocava-se um conselho que dei aos jovens: "Se uma pessoa lhes faz uma proposta e lhes diz para ignorar a história, que não levem em consideração a experiência dos idosos, que desprezem todo o passado e só olhem para o futuro que essa pessoa lhes oferece, essa não seria uma maneira fácil de atraí-los para a proposta dela, para que vocês só façam o que ela lhes diz? Essa pessoa os quer vazios, desenraizados, desconfiados de tudo, de modo que só confiem em suas promessas e se submetam aos seus planos. Assim funcionam as ideologias de diferentes cores, que destroem (ou des-constroem) tudo que é diferente e, dessa maneira, podem reinar sem oposições. Para isso, precisam de jovens que desprezem a história, que rejeitem a riqueza espiritual e humana que se foi transmitindo através das gerações, que ignorem tudo o que os precedeu" (ChV, n. 181).[4]

---

[4] FRANCISCO. Exortação Apostólica Pós-Sinodal *Chritus Vivit*. (Voz do Papa, 207). São Paulo: Paulinas, 2019.

14. São as novas formas de colonização cultural. Não nos esqueçamos de que "os povos que alienam a sua tradição e – por mania imitativa, violência imposta, imperdoável negligência ou apatia – toleram que se lhes roube a alma, perdem, juntamente com a própria fisionomia espiritual, a sua consistência moral e, por fim, a independência ideológica, econômica e política".[5] Uma maneira eficaz de dissolver a consciência histórica, o pensamento crítico, o empenho pela justiça e os percursos de integração é esvaziar de sentido ou manipular as "grandes" palavras. Que significado têm hoje palavras como "democracia", "liberdade", "justiça", "unidade"? Foram manipuladas e desfiguradas para serem utilizadas como instrumentos de domínio, como títulos vazios de conteúdo que podem servir para justificar qualquer ação.

Sem um projeto para todos

15. A melhor maneira de dominar e avançar sem entraves é semear o desânimo e despertar uma desconfiança constante, mesmo disfarçada por trás da defesa de alguns valores. Usa-se, hoje, em muitos países, o mecanismo político de exasperar, exacerbar e polarizar. Com várias modalidades, nega-se a outros

---

[5] CARD. RAÚL SILVA HENRÍQUEZ, SDB. *Homilia no* Te Deum *em Santiago do Chile* (18 de setembro de 1974).

o direito de existir e pensar e, para isso, recorre-se à estratégia de ridicularizá-los, insinuar suspeitas sobre eles e reprimi-los. Não se acolhe a sua parte da verdade, os seus valores e, assim, a sociedade se empobrece e acaba reduzida à prepotência do mais forte. Dessa forma, a política deixou de ser um debate saudável sobre projetos a longo prazo para o desenvolvimento de todos e o bem comum, limitando-se a receitas efêmeras de *marketing* cujo recurso mais eficaz está na destruição do outro. Nesse mesquinho jogo de desqualificações, o debate é manipulado para manter-se no estado de controvérsia e contraposição.

16. Nessa luta de interesses, que coloca todos contra todos, em que vencer se torna sinônimo de destruir, como se pode levantar a cabeça para reconhecer o próximo ou ficar ao lado de quem está caído na estrada? Hoje, um projeto com grandes objetivos para o desenvolvimento de toda a humanidade soa como um delírio. Aumentam as distâncias entre nós, e a dura e lenta marcha rumo a um mundo unido e mais justo sofre uma nova e drástica reviravolta.

17. Cuidar do mundo que nos rodeia e sustenta significa cuidar de nós mesmos. Mas precisamos nos constituir como um "nós" que habita a Casa Comum. Tal cuidado não interessa aos poderes econômicos que necessitam de um ganho rápido. Frequentemente, as vozes que se levantam em defesa do meio ambiente são silenciadas ou ridicularizadas, disfarçando de racionalidade o que não passa de interesses particulares. Nessa cultura que estamos desenvolvendo, vazia, fixada no imediato e sem um projeto comum, "é possível que, perante o esgotamento de alguns recursos, se vá criando um cenário favorável para novas guerras, disfarçadas sob nobres reivindicações" (LS, n. 57).[6]

O descarte mundial

18. Partes da humanidade parecem sacrificáveis em benefício de uma seleção que favorece um setor humano digno de viver sem limites. No fundo, "as pessoas já não são vistas como um valor primário a respeitar e cuidar, especialmente se são pobres ou deficientes, se 'ainda não servem' (como os nascituros) ou 'já não servem' (como os idosos). Tornamo-nos insensíveis a qualquer forma de desperdício, começando pelo alimentar, que figura entre os mais deploráveis".[7]

19. A falta de filhos, que provoca um envelhecimento da população, juntamente com o abandono dos idosos em uma dolorosa solidão exprimem implicitamente que tudo tem fim em nós, que só contam os nossos interesses individuais. Assim, "objetos de

---

[6] FRANCISCO. Carta Encíclica *Laudato Si'*: sobre o cuidado da Casa Comum. (Voz do Papa, 201). São Paulo: Paulinas, 2016.

[7] FRANCISCO. *Discurso ao corpo diplomático acreditado junto da Santa Sé* (11 de janeiro de 2016): *AAS* 108 (2016), 120.

descarte não são apenas os alimentos ou os bens supérfluos, mas muitas vezes os próprios seres humanos".[8] Vimos o que aconteceu com as pessoas de idade em algumas partes do mundo por causa do coronavírus. Não deveriam ter morrido assim. Na realidade, porém, já tinha acontecido algo semelhante devido às ondas de calor e a outras circunstâncias: idosos sendo cruelmente descartados. Não nos damos conta de que isolar os idosos e abandoná-los à responsabilidade de outros, sem um acompanhamento familiar adequado e amoroso, mutila e empobrece a própria família. Além disso, acaba privando os jovens do contato necessário com as suas raízes e com uma sabedoria que a juventude, sozinha, não pode alcançar.

20. Esse descarte se exprime de variadas maneiras, como na obsessão por reduzir os custos trabalhistas sem se dar conta das graves consequências que isso provoca, pois o desemprego daí resultante tem como efeito direto o alargamento das fronteiras da pobreza.[9] Além disso, o descarte assume formas abjetas, as quais julgávamos já superadas, como o racismo, que se dissimula, mas não deixa de reaparecer. Novamente nos envergonham as expressões de racismo, demonstrando,

---

[8] FRANCISCO. *Discurso ao corpo diplomático acreditado junto da Santa Sé* (13 de janeiro de 2014): *AAS* 106 (2014), 83-84.

[9] FRANCISCO. *Discurso à Fundação "Centesimus annus pro Pontifice"* (25 de maio de 2013): *Insegnamenti* I,1 (2013), 238.

assim, que os supostos avanços da sociedade não eram assim tão reais, nem estão garantidos para sempre.

21. Há regras econômicas que foram eficazes para o progresso, mas não para o desenvolvimento humano integral (PP, n. 14).[10] Aumentou a riqueza, mas não a equidade; e, assim, "nascem novas pobrezas" (CV, n. 22). Quando dizem que o mundo moderno reduziu a pobreza, fazem-no medindo-a com critérios de outros tempos, não comparáveis à realidade atual. Isso porque, em outros tempos, por exemplo, não ter acesso à energia elétrica não era considerado um sinal de pobreza, nem causava grave incômodo. A pobreza sempre se analisa e se compreende no contexto das possibilidades reais de um momento histórico concreto.

Direitos humanos não suficientemente universais

22. Muitas vezes, constata-se que, de fato, os direitos humanos não são iguais para todos. O respeito a esses direitos "é condição preliminar para o próprio progresso econômico e social de um país. Quando a dignidade do homem é respeitada e os seus direitos são reconhecidos e garantidos, florescem também a criatividade e a audácia, podendo a pessoa humana explanar

---

[10] SÃO PAULO VI. Carta Encíclica *Populorum Progressio*: sobre o desenvolvimento dos povos, 26 de março de 1967.

suas inúmeras iniciativas a favor do bem comum".[11] Mas, "observando com atenção as nossas sociedades contemporâneas, nos deparamos com numerosas contradições que nos induzem a perguntar se realmente a igual dignidade de todos os seres humanos, solenemente proclamada há setenta anos, é reconhecida, respeitada, protegida e promovida em todas as circunstâncias. Persistem hoje, no mundo, inúmeras formas de injustiça, alimentadas por visões antropológicas redutivas e por um modelo econômico fundado no lucro, que não hesita em explorar, descartar e até matar o homem. Enquanto uma parte da humanidade vive na opulência, outra parte vê a própria dignidade não reconhecida, desprezada ou espezinhada, e os seus direitos fundamentais ignorados ou violados".[12] O que isso diz a respeito da igualdade de direitos fundada na própria dignidade humana?

23. De modo análogo, a organização das sociedades em todo o mundo ainda está longe de refletir com clareza que as mulheres têm exatamente a mesma dignidade e idênticos direitos que os homens. As palavras dizem uma coisa, mas as decisões e a realidade gritam outra. Com efeito, "duplamente pobres

---

[11] FRANCISCO. *Discurso no encontro com as autoridades e o corpo diplomático* (Tirana – Albânia, 21 de setembro de 2014): *AAS* 106 (2014), 773.

[12] FRANCISCO. *Mensagem aos participantes na Conferência internacional sobre os direitos humanos no mundo contemporâneo: conquistas, omissões, negações* (10 de dezembro de 2018): *L'Osservatore Romano* (ed. semanal portuguesa de 11/12/2018), 16.

são as mulheres que padecem situações de exclusão, maus-tratos e violência, porque frequentemente têm menores possibilidades de defender os seus direitos" (EG, n. 212).[13]

24. Reconhecemos igualmente que, "apesar de a comunidade internacional ter adotado numerosos acordos para pôr termo à escravatura em todas as suas formas e ter lançado diversas estratégias para combater esse fenômeno, ainda hoje milhões de pessoas – crianças, homens e mulheres de todas as idades – são privadas da liberdade e constrangidas a viver em condições semelhantes às da escravidão [...]. Hoje, como ontem, na raiz da escravidão, está uma concepção da pessoa humana que admite a possibilidade de tratá-la como um objeto [...]. Com a força, o engano, a coação física ou psicológica, a pessoa humana – criada à imagem e semelhança de Deus – é privada da liberdade, mercantilizada, reduzida a propriedade de alguém; é tratada como meio, e não como fim". As redes criminosas "utilizam habilmente as tecnologias informáticas modernas para atrair jovens e adolescentes de todos os cantos do mundo".[14] E a aberração não tem limites quando são

---

[13] FRANCISCO. Exortação Apostólica *Evangelii Gaudium*: a Alegria do Evangelho sobre o anúncio do Evangelho no mundo atual. (Voz do Papa, 198). São Paulo: Paulinas, 2015.

[14] FRANCISCO. *Mensagem para o 48º Dia Mundial da Paz de 2015* (8 de dezembro de 2014), 3-4: *AAS* 107 (2015), 69-71.

subjugadas mulheres, forçadas depois a abortar; um ato abominável que chega inclusive ao sequestro da pessoa, para vender os seus órgãos. Isso torna o tráfico de pessoas e outras formas atuais de escravidão um problema mundial que precisa ser levado a sério pela humanidade em seu conjunto, porque, "assim como as organizações criminosas usam redes globais para alcançar os seus objetivos, do mesmo modo a ação para vencer esse fenômeno requer um esforço comum e igualmente global por parte dos diferentes atores que compõem a sociedade".[15]

Conflito e medo

25. As guerras, os atentados, as perseguições por motivos raciais ou religiosos e tantas outras afrontas contra a dignidade humana são julgados de maneira diferente, dependendo de convirem ou não a certos interesses fundamentalmente econômicos: o que é verdade, quando convém a uma pessoa poderosa, deixa de ser quando já não a beneficia mais. Essas situações de violência vão se "multiplicando cruelmente em muitas regiões do mundo, a ponto de assumir os contornos daquela que se poderia chamar uma 'terceira guerra mundial em pedaços'".[16]

---

[15] Ibidem, 5: *o. c.*, 72.

[16] FRANCISCO. *Mensagem para o 49º Dia Mundial da Paz de 2016* (8 de dezembro de 2015), 2: *AAS* 108 (2016), 49.

26. Isso não surpreende, se atentarmos à falta de horizontes capazes de nos fazer convergir para a unidade, pois, em qualquer guerra, o que acaba destruído é "o próprio projeto de fraternidade, inscrito na vocação da família humana", pelo que "toda situação de ameaça alimenta a desconfiança e a retirada".[17] Assim, o nosso mundo avança em uma dicotomia sem sentido, pretendendo "garantir a estabilidade e a paz com base em uma falsa segurança sustentada por uma mentalidade de medo e desconfiança".[18]

27. Paradoxalmente, existem medos ancestrais que não foram superados pelo progresso tecnológico; mais ainda, souberam esconder-se e revigorar-se por trás das novas tecnologias. Também hoje, atrás das muralhas da cidade antiga, está o abismo, o território do desconhecido, o deserto. O que vier de lá não é considerado confiável, porque é desconhecido, não familiar, não pertence à aldeia. Trata-se do território do que é "bárbaro", do qual há que defender-se a qualquer custo. Consequentemente, criam-se novas barreiras de autodefesa, de tal modo que o mundo deixa de existir para que haja apenas o "meu" mundo; e muitos deixam

---

[17] FRANCISCO. *Mensagem para o 53º Dia Mundial da Paz de 2020* (8 de dezembro de 2019), 1: *L'Osservatore Romano* (ed. semanal portuguesa de 17-24/12/2019), 8.

[18] FRANCISCO. *Discurso sobre as armas nucleares* (Nagasaki – Japão, 24 de novembro de 2019): *L'Osservatore Romano* (ed. semanal portuguesa de 3/12/2019), 9.

de ser considerados seres humanos com uma dignidade inalienável, passando a ser apenas "os outros". Reaparece "a tentação de fazer uma cultura dos muros, de erguer os muros, muros no coração, muros na terra, para impedir esse encontro com outras culturas, com outras pessoas. E quem levanta um muro, quem constrói um muro, acabará escravo dentro dos muros que construiu, sem horizontes. Porque lhe falta essa alteridade".[19]

28. A solidão, os medos e a insegurança de tantas pessoas que se sentem abandonadas pelo sistema fazem com que se crie um terreno fértil para o crime organizado. Com efeito, ele se impõe, apresentando-se como "protetor" dos esquecidos, muitas vezes por meio de vários tipos de ajuda, enquanto persegue os seus interesses criminosos. Há uma pedagogia tipicamente mafiosa que, com um falso espírito comunitário, cria laços de dependência e subordinação, dos quais é muito difícil libertar-se.

Globalização e progresso sem um rumo comum

29. O Grande Imã Ahmad Al-Tayyeb e eu não ignoramos os avanços positivos que se verificaram na ciência, na tecnologia, na medicina, na indústria e no bem-estar, sobretudo nos países desenvolvidos. Todavia,

---

[19] FRANCISCO. *Discurso aos professores e estudantes do Colégio São Carlos de Milão* (6 de abril de 2019): *L'Osservatore Romano* (8-9/4/2019), 6.

"ressaltamos que, juntamente com tais progressos históricos, grandes e apreciados, se verifica uma deterioração da ética, que condiciona a atividade internacional, e um enfraquecimento dos valores espirituais e do sentido de responsabilidade. Tudo isso contribui para disseminar uma sensação geral de frustração, solidão e desespero, [...] nascem focos de tensão e se acumulam armas e munições, em uma situação mundial dominada pela incerteza, pela decepção e pelo medo do futuro, além de controlada por míopes interesses econômicos". Assinalamos também "as graves crises políticas, a injustiça e a falta de distribuição equitativa dos recursos naturais [...]. A respeito de tais crises, que fazem morrer de inanição milhões de crianças, já reduzidas a esqueletos humanos por causa da pobreza e da fome, reina um inaceitável silêncio internacional".[20] Perante tal panorama, embora nos fascinem os inúmeros avanços, não vislumbramos um rumo verdadeiramente humano.

30. No mundo atual, esmorecem os sentimentos de pertença à mesma humanidade; e o sonho de construirmos juntos a justiça e a paz parece uma utopia de outros tempos. Vemos como reina uma indiferença acomodada, fria e globalizada, filha de uma profunda

---

[20] FRANCISCO; AL-TAYYEB, Ahmad. *Documento sobre a fraternidade humana em prol da paz mundial e da convivência comum* (Abu Dhabi, 4 de fevereiro de 2019): *L'Osservatore Romano* (ed. semanal portuguesa de 5/2/2019), 21.

desilusão que se esconde por trás dessa ilusão enganadora: considerar que podemos ser onipotentes e esquecer que nos encontramos todos no mesmo barco. Essa desilusão, que abandona os grandes valores fraternos, conduz "a uma espécie de cinismo. Essa é a tentação que temos diante de nós, se formos por este caminho do desengano ou da desilusão [...]. O isolamento e o fechamento em nós mesmos ou nos próprios interesses nunca serão o caminho para voltar a dar esperança e realizar uma renovação, mas a proximidade, a cultura do encontro, sim. O isolamento, não; a proximidade, sim. Cultura do confronto, não; cultura do encontro, sim".[21]

31. Neste mundo que corre sem um rumo comum, respira-se uma atmosfera em que "a distância entre a obsessão pelo próprio bem-estar e a felicidade da humanidade partilhada parecem aumentar: até fazer pensar que, entre o indivíduo e a comunidade humana, já esteja em curso um cisma [...]. Porque uma coisa é sentir-se obrigado a viver junto, outra é apreciar a riqueza e a beleza das sementes de vida em comum que devem ser procuradas e cultivadas em conjunto".[22]

---

[21] FRANCISCO. *Discurso ao mundo acadêmico e cultural* (Cagliari – Itália, 22 de setembro de 2013): *L'Osservatore Romano* (ed. semanal portuguesa de 29/9/2013), 8.

[22] FRANCISCO. Carta *Humana communitas* ao Presidente da Academia Pontifícia para a Vida, por ocasião do XXV aniversário da sua instituição (6 de janeiro de 2019), 2.6: *L'Osservatore Romano* (ed. semanal portuguesa de 22/1/2019), 8-9.

A tecnologia avança continuamente, mas "como seria bom se, ao aumento das inovações científicas e tecnológicas, correspondessem também uma equidade e uma inclusão social cada vez maiores! Como seria bom se, enquanto descobrimos novos planetas longínquos, também descobríssemos as necessidades do irmão e da irmã que orbitam ao nosso redor!".[23]

As pandemias e outros flagelos da história

32. É verdade que uma tragédia global como a pandemia da Covid-19 despertou, por algum tempo, a consciência de sermos uma comunidade mundial que viaja no mesmo barco, em que o mal de um prejudica a todos. Recordamo-nos de que ninguém se salva sozinho, de que só é possível salvar-nos juntos. Por isso, "a tempestade – dizia eu – desmascara a nossa vulnerabilidade e deixa a descoberto as falsas e supérfluas seguranças com que construímos os nossos programas, os nossos projetos, os nossos hábitos e prioridades [...]. Com a tempestade, caiu o disfarce dos estereótipos com que mascaramos o nosso 'eu' sempre preocupado com a própria imagem; e ficou evidente, uma vez mais, esta (abençoada) pertença comum, à qual não podemos nos subtrair: a pertença como irmãos".[24]

---

[23] FRANCISCO. *Videomensagem ao encontro internacional* TED2017 *em Vancouver* (26 de abril de 2017): *L'Osservatore Romano* (ed. semanal portuguesa de 4/5/2017), 16.

[24] FRANCISCO. *Homilia durante o momento extraordinário de oração em tempos de epidemia* (27 de março de 2020): *L'Osservatore Romano* (29/3/2020), 10.

33. O mundo avançava implacavelmente para uma economia que, utilizando os progressos tecnológicos, procurava reduzir os "custos humanos"; e alguns pretendiam fazer-nos crer que era suficiente a liberdade de mercado para garantir tudo. Mas o golpe duro e inesperado desta pandemia fora de controle obrigou, forçosamente, a pensar nos seres humanos, em todos, mais do que nos benefícios de alguns. Hoje, podemos reconhecer que "alimentamo-nos com sonhos de esplendor e grandeza, e acabamos por comer distração, fechamento e solidão; empanturramo-nos de conexões e perdemos o gosto da fraternidade. Buscamos o resultado rápido e seguro, e nos encontramos oprimidos pela impaciência e pela ansiedade. Prisioneiros da virtualidade, perdemos o gosto e o sabor da realidade".[25] A tribulação, a incerteza, o medo e a consciência dos próprios limites, que a pandemia despertou, fazem ressoar o apelo a repensar os nossos estilos de vida, as nossas relações, a organização das nossas sociedades e, sobretudo, o sentido da nossa existência.

34. Se tudo está interligado, é difícil pensar que esse desastre mundial não tenha a ver com nossa maneira de encarar a realidade, segundo a qual pretendemos ser senhores absolutos da própria vida e de tudo que

---

[25] FRANCISCO. *Homilia durante a Santa Missa* (Skopje – Macedônia do Norte, 7 de maio de 2019): *L'Osservatore Romano* (ed. semanal portuguesa de 14/5/2019), 11.

existe. Não quero dizer que se trate de uma espécie de castigo divino. Nem se poderia afirmar que o dano causado à natureza é a cobrança por nossos abusos. É a própria realidade que geme e se rebela... Vem à mente o conhecido verso do poeta Virgílio evocando as lágrimas das coisas, das vicissitudes, da história.[26]

35. Contudo, rapidamente esquecemos as lições da história, "mestra da vida".[27] Passada a crise sanitária, a pior reação seria cair ainda mais em um consumismo febril e em novas formas de autoproteção egoísta. No fim, oxalá, já não existam "os outros", mas apenas um "nós". Oxalá não seja mais um grave episódio da história cuja lição não fomos capazes de aprender. Oxalá não nos esqueçamos dos idosos que morreram por falta de respiradores, em parte como resultado de sistemas de saúde que foram sendo desmantelados ano após ano. Oxalá não seja inútil tanto sofrimento, mas tenhamos dado um salto para uma nova forma de viver e descubramos, enfim, que precisamos e somos devedores uns dos outros, para que a humanidade renasça com todos os rostos, todas as mãos e todas as vozes, livre das fronteiras que criamos.

36. Se não conseguirmos recuperar a paixão compartilhada por uma comunidade de pertença e

---

[26] Cf. *Eneida* I, 462: "*Sunt lacrimae rerum et mentem mortalia tangunt* – são lágrimas das coisas, as peripécias dos mortais confrangem a alma".

[27] "*Historia* [...] *magistra vitae*" (Cícero, *De Oratore*, 2, 36).

solidariedade, à qual saibamos destinar tempo, esforço e bens, desabará ruinosamente a ilusão global que nos engana e deixará muitos à mercê da angústia e do vazio. Além disso, não se deveria ignorar, ingenuamente, que "a obsessão por um estilo de vida consumista, sobretudo quando poucos têm possibilidades de mantê-lo, só poderá provocar violência e destruição recíproca" (LS, n. 204). O princípio do "salve-se quem puder" traduzir-se-á rapidamente no lema "todos contra todos", e isso será pior que uma pandemia.

Sem dignidade humana nas fronteiras

37. Tanto na propaganda de alguns regimes políticos populistas como na leitura de abordagens econômico-liberais, defende-se que é preciso evitar, a todo custo, a chegada de pessoas migrantes. Simultaneamente, argumenta-se que convém limitar a ajuda aos países pobres, para que cheguem ao "fundo do poço" e decidam adotar medidas de austeridade. Não se dão conta de que, por trás dessas afirmações abstratas e difíceis de sustentar, há muitas vidas dilaceradas. Muitos fogem da guerra, de perseguições, de catástrofes naturais. Outros, com pleno direito, "buscam oportunidades para eles e suas famílias. Sonham com um futuro melhor e desejam criar as condições para que se torne realidade" (ChV, n. 91).

38. Infelizmente, outros são "atraídos pela cultura ocidental, às vezes com expectativas pouco realistas que os expõem a grandes desilusões. Traficantes inescrupulosos, frequentemente vinculados aos cartéis de drogas e de armas, exploram a situação de fragilidade dos imigrantes, que, ao longo de sua jornada, demasiadas vezes experimentam a violência, o tráfico humano, o abuso psicológico e físico e sofrimentos indescritíveis" (ChV, n. 92). As pessoas que emigram "têm que separar-se de seu próprio contexto de origem e muitas vezes vivem um desenraizamento cultural e religioso. A ruptura também diz respeito às comunidades de origem, que perdem os elementos mais vigorosos e empreendedores, e as famílias, em particular quando um dos pais emigra, ou ambos, deixando os filhos no país de origem" (ChV, n. 93). Por conseguinte, também deve ser "reafirmado o direito a não emigrar, isto é, a ter condições para permanecer na própria terra".[28]

39. Ainda por cima, "em alguns países de chegada, os fenômenos migratórios suscitam alarme e temores, muitas vezes fomentados e explorados para fins políticos. Difunde-se, assim, uma mentalidade xenófoba, de gente fechada e dobrada sobre si mesma" (ChV, n. 92). Os migrantes não são considerados suficientemente dignos de participar da vida social como os outros;

---

[28] BENTO XVI. *Mensagem para o 99º Dia Mundial do Migrante e do Refugiado* em 2013 (12 de outubro de 2012): *AAS* 104 (2012), 908.

esquece-se de que eles têm a mesma dignidade intrínseca de toda e qualquer pessoa. Consequentemente, têm de ser eles os "protagonistas da própria promoção".[29] Nunca se dirá que não são humanos, mas, na prática, com as decisões e a maneira pela qual são tratados, manifesta-se que são considerados menos valiosos, menos importantes, menos humanos. É inaceitável que os cristãos partilhem dessa mentalidade e dessas atitudes, fazendo às vezes prevalecer determinadas preferências políticas, em vez das profundas convicções da própria fé: a dignidade inalienável de toda pessoa humana, independentemente da sua origem, cor ou religião, e a lei suprema do amor fraterno.

40. "As migrações constituirão uma pedra angular do futuro do mundo."[30] Hoje, porém, são afetadas por uma "perda daquele sentido de responsabilidade fraterna, sobre o qual se assenta toda a sociedade civil".[31] A Europa, por exemplo, corre sérios riscos de ir por esse caminho. Entretanto, "ajudada pelo seu grande patrimônio cultural e religioso, possui os instrumentos para defender a centralidade da pessoa humana e encontrar o justo equilíbrio entre estes

---

[29] FRANCISCO. *Mensagem para o 106º Dia Mundial do Migrante e do Refugiado* em 2020 (13 de maio de 2020): *L'Osservatore Romano* (16/5/2020), 8.

[30] FRANCISCO. *Discurso ao corpo diplomático acreditado junto da Santa Sé* (11 de janeiro de 2016): *AAS* 108 (2016), 124.

[31] FRANCISCO. *Discurso ao corpo diplomático acreditado junto da Santa Sé* (13 de janeiro de 2014): *AAS* 106 (2014), 84.

dois deveres: o dever moral de tutelar os direitos dos seus cidadãos e o dever de garantir a assistência e o acolhimento dos imigrantes".[32]

41. Compreendo que alguns tenham dúvidas e sintam medo diante das pessoas imigrantes; compreendo isso como um aspecto do instinto natural de autodefesa. Mas também é verdade que uma pessoa e um povo só são fecundos se souberem criativamente integrar no seu seio a abertura aos outros. Convido a ultrapassar essas reações primárias, porque "o problema surge quando [essas dúvidas e esse medo] condicionam de tal forma o nosso modo de pensar e agir que nos tornam intolerantes, fechados, talvez até – sem disso nos apercebermos – racistas. E, assim, o medo nos priva do desejo e da capacidade de encontrar o outro".[33]

A ilusão da comunicação

42. Paradoxalmente, se, por um lado, crescem as atitudes fechadas e intolerantes que, em face dos outros, nos fecham em nós mesmos, por outro, reduzem-se ou desaparecem as distâncias, a ponto de deixar de existir o direito à intimidade. Tudo se torna uma espécie de

---

[32] FRANCISCO. *Discurso ao corpo diplomático acreditado junto da Santa Sé* (11 de janeiro de 2016): *AAS* 108 (2016), 123.

[33] FRANCISCO. *Mensagem para o 105º Dia Mundial do Migrante e do Refugiado em 2019* (27 de maio de 2019): *L'Osservatore Romano* (ed. semanal portuguesa de 4/6/2019), 12.

espetáculo que pode ser espiado, observado, e a vida acaba exposta a um controle constante. Na comunicação digital, quer-se mostrar tudo, e cada indivíduo torna-se objeto de olhares que esquadrinham, desnudam e divulgam, muitas vezes anonimamente. Esvai-se o respeito pelo outro e, assim, ao mesmo tempo que o apago, ignoro e mantenho afastado, posso despudoradamente invadir até o mais recôndito da sua vida.

43. Os movimentos digitais de ódio e destruição, por sua vez, não constituem – como alguns pretendem fazer crer – uma ótima forma de mútua ajuda, mas meras associações contra um inimigo. Além disso, "os meios de comunicação [digitais] podem expor ao risco de dependência, isolamento e perda progressiva de contato com a realidade concreta, dificultando o desenvolvimento de relações interpessoais autênticas" (ChV, n. 88). Fazem falta gestos físicos, expressões do rosto, silêncios, linguagem corpórea e até o perfume, o tremor das mãos, o rubor, a transpiração, porque tudo isso fala e faz parte da comunicação humana. As relações digitais, que dispensam o empenho de cultivar uma amizade, uma reciprocidade estável e até um consenso que amadurece com o tempo, têm aparência de sociabilidade, mas não constroem verdadeiramente um "nós"; na verdade, habitualmente dissimulam e ampliam o mesmo individualismo que se manifesta na xenofobia e no desprezo às pessoas mais fragilizadas.

A conexão digital não é suficiente para construir pontes, não é capaz de unir a humanidade.

Agressividade despudorada

44. Ao mesmo tempo que defendem o próprio isolamento consumista e acomodado, as pessoas escolhem vincular-se de maneira constante e obsessiva. Isso favorece o efervescimento de formas insólitas de agressividade, com insultos, impropérios, difamação, afrontas verbais que chegam a destroçar a figura do outro, em um desregramento tal que, se existisse no contato pessoal, acabaríamos todos por nos destruir mutuamente. A agressividade social encontra um espaço de ampliação incomparável nos dispositivos móveis e nos computadores.

45. Isso permitiu que as ideologias perdessem todo o respeito. Aquilo que, ainda há pouco tempo, uma pessoa não poderia dizer sem correr o risco de perder o respeito de todos, hoje pode ser pronunciado com toda grosseria, até por algumas autoridades políticas, e ficar impune. Não se pode ignorar que "no mundo digital estão em jogo enormes interesses econômicos, capazes de realizar formas de controle tão sutis como invasivas, criando mecanismos de manipulação das consciências e do processo democrático. O funcionamento de muitas plataformas, frequentemente, acaba por favorecer o encontro entre as pessoas que pensam da mesma maneira, dificultando a confrontação entre as diferenças. Esses circuitos fechados facilitam a divulgação de informações e notícias falsas, fomentando preconceitos e ódio" (ChV, n. 89).

46. Deve-se reconhecer que os fanatismos, os quais induzem a destruir os outros, são protagonizados também por pessoas religiosas, sem excluir os cristãos, que podem fazer "parte de redes de violência verbal através da internet e de vários fóruns ou espaços de intercâmbio digital. Mesmo nos meios de comunicação católicos, é possível ultrapassar os limites, tolerando-se a difamação e a calúnia e parecendo excluir qualquer ética e respeito pela fama alheia" (GeE, n. 115).[34] Agindo assim, qual contribuição se dá para a fraternidade que o Pai comum nos propõe?

Informação sem sabedoria

47. A verdadeira sabedoria pressupõe o encontro com a realidade. Hoje, porém, tudo se pode produzir, dissimular, modificar. Isso faz com que o encontro direto com as limitações da realidade se torne insuportável. Em consequência, implementa-se um mecanismo de "seleção", criando-se o hábito de separar imediatamente o que gosto daquilo que não gosto, as

---

[34] FRANCISCO. Exortação Apostólica *Gaudete et Exsultate*: sobre o chamado à santidade no mundo atual. (Voz do Papa, 206). São Paulo: Paulinas, 2019.

coisas atraentes das desagradáveis. A mesma lógica preside a escolha das pessoas com quem se decide partilhar o mundo. Assim, as pessoas ou situações que feriam nossa sensibilidade ou nos causavam aversão, hoje, são simplesmente eliminadas nas redes virtuais, construindo um círculo virtual que nos isola do mundo em que vivemos.

48. A capacidade de sentar-se para escutar o outro, característica de um encontro humano, é um paradigma de atitude receptiva, de quem supera o narcisismo e acolhe o outro, presta-lhe atenção, dá-lhe lugar no próprio círculo. Mas "o mundo de hoje, na sua maioria, é um mundo surdo [...]. Às vezes, a velocidade do mundo moderno, o frenesi, nos impede de escutar bem o que o outro diz. Quando está no meio do seu diálogo, já o interrompemos e queremos replicar, quando ele ainda não acabou de falar. Não devemos perder a capacidade de escuta". São Francisco de Assis "escutou a voz de Deus, escutou a voz dos pobres, escutou a voz do enfermo, escutou a voz da natureza. E transformou tudo isso em um estilo de vida. Desejo que a semente de São Francisco cresça em muitos corações".[35]

49. Ao desaparecerem o silêncio e a escuta, transformando-se tudo em cliques e mensagens rápidas

---

[35] Do filme de Wim Wenders *O Papa Francisco – Um homem de palavra. A esperança é uma mensagem universal* (2018).

e ansiosas, colocou-se em perigo essa estrutura básica de uma comunicação humana sábia. Criou-se um novo estilo de vida, no qual cada um constrói o que deseja ter à sua frente, excluindo tudo aquilo que não se pode controlar ou conhecer superficial e instantaneamente. Por sua lógica intrínseca, essa dinâmica impede a reflexão serena que poderia levar-nos a uma sabedoria comum.

50. Podemos buscar juntos a verdade no diálogo, na conversa tranquila ou na discussão apaixonada. É um caminho perseverante, feito também de silêncios e sofrimentos, capaz de recolher pacientemente a vasta experiência das pessoas e dos povos. A acumulação esmagadora de informações que nos inundam não significa maior sabedoria. A sabedoria não se fabrica com buscas impacientes na internet, nem é um somatório de informações cuja veracidade não está garantida. Dessa forma, não se amadurece no encontro com a verdade. As conversas giram, em última análise, ao redor das notícias mais recentes; são meramente horizontais e cumulativas. Não se presta uma atenção prolongada e penetrante ao coração da vida, nem se reconhece o que é essencial para dar um sentido à existência. Assim, a liberdade transforma-se em uma ilusão que nos vendem, confundindo-se com a liberdade de navegar diante de um visor. O problema é que um caminho de fraternidade, local e universal, só pode ser percorrido por espíritos livres e dispostos a encontros reais.

Sujeições e autodepreciação

51. Alguns países economicamente bem-sucedidos são apresentados como modelos culturais para os países pouco desenvolvidos, em vez de procurar que cada um cresça com o seu estilo peculiar, desenvolvendo as suas capacidades de inovar a partir dos valores da própria cultura. Essa nostalgia superficial e triste, que induz a copiar e comprar, em vez de criar, gera uma baixa autoestima nacional. Nos setores acomodados de muitos países pobres e às vezes naqueles que conseguiram sair da pobreza, nota-se a incapacidade de aceitar características e processos próprios, caindo em um desprezo da própria identidade cultural, como se fosse a causa de todos os seus males.

52. Uma maneira fácil de dominar alguém é destruir sua autoestima. Por trás dessas tendências que visam uniformizar o mundo, afloram interesses de poder que se aproveitam da baixa autoestima, ao mesmo tempo que, pelos meios de comunicação e pelas redes, procuram criar uma nova cultura a serviço dos mais poderosos. Disso tiram vantagem o oportunismo da especulação financeira e a exploração, em que aqueles que sempre perdem são os pobres. Por outro lado, ignorar a cultura de um povo faz com que muitos líderes políticos não sejam capazes de promover um projeto eficaz que possa ser livremente assumido e sustentado ao longo do tempo.

53. Esquece-se de que "não há alienação pior do que experimentar que não se tem raízes, não se pertence a ninguém. Uma terra será fecunda, um povo dará frutos e será capaz de gerar o amanhã apenas à medida que der vida a relações de pertença entre os seus membros, à medida que criar laços de integração entre as gerações e as diferentes comunidades que o compõem e, ainda, à medida que quebrar as espirais que obscurecem os sentidos, afastando-nos sempre uns dos outros".[36]

Esperança

54. Apesar dessas sombras densas que não se devem ignorar, nas próximas páginas, desejo dar voz a diversos caminhos de esperança. Com efeito, Deus continua a espalhar sementes de bem na humanidade. A recente pandemia permitiu-nos recuperar e valorizar tantos companheiros e companheiras de viagem que, no medo, reagiram dando a própria vida. Fomos capazes de reconhecer como as nossas vidas são tecidas e sustentadas por pessoas comuns que, sem dúvida, escreveram os acontecimentos decisivos da nossa história compartilhada: médicos, enfermeiros e enfermeiras, farmacêuticos, empregados dos supermercados, pessoal

---

[36] FRANCISCO. *Discurso no encontro com as autoridades, a sociedade civil e o corpo diplomático* (Tallinn – Estônia, 25 de setembro de 2018): *L'Osservatore Romano* (27/9/2018), 9.

de limpeza, cuidadores, transportadores, homens e mulheres que trabalham para fornecer serviços essenciais e de segurança, voluntários, sacerdotes, religiosas... compreenderam que ninguém se salva sozinho.[37]

55. Convido à esperança que "nos fala de uma realidade cuja raiz está no mais fundo do ser humano, independentemente das circunstâncias concretas e dos condicionamentos históricos em que vive. Fala-nos de uma sede, de uma aspiração, de um anseio de plenitude, de vida bem-sucedida, de querer agarrar o que é grande, o que enche o coração e eleva o espírito para coisas grandes, como a verdade, a bondade e a beleza, a justiça e o amor [...]. A esperança é ousada, sabe olhar para além das comodidades pessoais, das pequenas seguranças e compensações que reduzem o horizonte, para se abrir aos grandes ideais que tornam a vida mais bela e digna".[38] Caminhemos na esperança!

---

[37] FRANCISCO. *Homilia durante o Momento extraordinário de oração em tempos de epidemia* (27 de março de 2020): *L'Osservatore Romano* (29/3/2020), 10; *Mensagem para o 4º Dia Mundial dos Pobres* (13 de junho de 2020), 6: *L'Osservatore Romano* (14/6/2020), 8.

[38] FRANCISCO. *Discurso no encontro com os jovens do Centro Cultural Padre Félix Varela* (Havana – Cuba, 20 de setembro de 2015): *L'Osservatore Romano* (ed. semanal portuguesa de 24/9/2015), 9.

Capítulo II

UM ESTRANHO NO CAMINHO

56. Tudo o que mencionei no capítulo anterior não deve ser lido como uma asséptica descrição da realidade, pois "as alegrias e as esperanças, as tristezas e as angústias dos homens de hoje, sobretudo dos pobres e de todos aqueles que sofrem, são também as alegrias e as esperanças, as tristezas e as angústias dos discípulos de Cristo, e nada existe de verdadeiramente humano que não encontre eco no seu coração" (GS, n. 1).[1] Com a intenção de procurar uma luz no meio do que estamos vivendo e antes de propor algumas linhas de ação, quero dedicar um capítulo a uma parábola narrada por Jesus Cristo há dois mil anos. Com efeito, apesar de esta Encíclica se dirigir a todas as pessoas de boa vontade, independentemente das suas convicções religiosas, a parábola em questão é expressa de tal maneira que qualquer um de nós pode deixar-se interpelar por ela:

> Um doutor da Lei se levantou e, para experimentar Jesus, perguntou: "Mestre, que devo fazer para herdar

---

[1] CONCÍLIO VATICANO II. Constituição *Gaudium et Spes*. (Voz do Papa, 41) 17 ed. 2011. São Paulo: Paulinas.

a vida eterna?" Jesus lhe disse: "Que está escrito na Lei? Como lês?" Ele respondeu: "Amarás o Senhor, teu Deus, de todo o teu coração, com toda a tua alma, com toda a tua força e com todo o teu entendimento; e a teu próximo como a ti mesmo!" Jesus lhe disse: "Respondeste corretamente. Faze isso e viverás". Ele, porém, querendo justificar-se, disse a Jesus: "E quem é o meu próximo?" Jesus retomou: "Certo homem descia de Jerusalém para Jericó e caiu nas mãos de assaltantes, que lhe arrancaram tudo, espancaram-no e foram embora, deixando-o meio morto. Por acaso descia por aquele caminho um sacerdote, mas, ao ver o homem, passou longe. Assim também um levita: chegou ao lugar, viu o homem e seguiu adiante pelo outro lado. Um samaritano, porém, que estava viajando, chegou perto dele e, ao vê-lo, moveu-se de compaixão. Aproximou-se dele e tratou-lhe as feridas, derramando nelas azeite e vinho. Depois, colocou-o sobre seu próprio animal e o levou a uma hospedaria, onde cuidou dele. No dia seguinte, pegou dois denários e deu-os ao dono da hospedaria, recomendando: 'Cuida dele, e o que gastares a mais, eu o pagarei quando eu voltar'. No teu parecer, qual dos três fez-se o próximo do homem que caiu nas mãos dos assaltantes?" Ele respondeu: "Aquele que usou de misericórdia para com ele". Então Jesus lhe disse: "Vai e faze o mesmo" (Lc 10,25-37).

A perspectiva de fundo

57. Essa parábola recolhe uma perspectiva de séculos. Pouco depois da narração da criação do mundo e do ser humano, a Bíblia propõe o desafio das relações entre nós. Caim elimina o seu irmão Abel, e ressoa a pergunta de Deus: "Onde está Abel, teu irmão?". A resposta é a mesma que fazemos nós muitas vezes: "Acaso sou guarda do meu irmão?" (Gn 4,9). Com a sua pergunta, Deus coloca em questão todo tipo de determinismo ou fatalismo que pretenda justificar, como única resposta possível, a indiferença. E, em contrapartida, habilita-nos a criar uma cultura diferente, que nos conduza a superar as inimizades e a cuidar uns dos outros.

58. O livro de Jó invoca o fato de ter um mesmo Criador como base para sustentar alguns direitos em comum: "Quem me formou no ventre materno também não formou [meu servo]? Ele nos formou a ambos nas entranhas!" (Jó 31,15). Muitos séculos depois, Santo Ireneu de Lião expressará o mesmo conceito recorrendo à imagem da melodia: "Assim, quem ama a verdade não deve deixar-se enganar pela diferença entre cada um dos sons, nem imaginar que um músico seja o artífice e o criador desse som, e, outro, o artífice e o criador do outro [...], mas há de pensar que um único músico os produziu a ambos".[2]

59. Nas tradições judaicas, o dever de amar o outro e cuidar dele parecia limitar-se às relações entre

---

[2] *Adversus haereses* 2, 25, 2: *PG* 7/1, 708-709.

os membros de uma mesma nação. O antigo preceito "amarás o teu próximo como a ti mesmo" (Lv 19,18) geralmente se entendia como referido aos compatriotas. Todavia, especialmente no judaísmo que se desenvolveu fora da terra de Israel, as fronteiras foram-se ampliando. Aparece o convite a não fazer aos outros o que não queres que te façam (Tb 4,15). A esse propósito dizia, no século I (a.C.), o sábio Hillel: "Isto é a Lei e os Profetas. Todo o resto é comentário".[3] O desejo de imitar o comportamento divino levou a superar a tendência de limitar o amor aos mais próximos: "A compaixão de uma pessoa se volta para seu próximo; a misericórdia de Deus, porém, para todo ser vivo" (Sr 18,13).

60. O preceito de Hillel recebeu uma formulação positiva no Novo Testamento: "Tudo, pois, quanto quereis que os outros vos façam, fazei-o, vós também, a eles. Esta é a Lei e os Profetas" (Mt 7,12). Esse apelo é universal, tende a abraçar a todos, apenas pela sua condição humana, porque o Altíssimo, o Pai do Céu, "faz nascer o seu sol sobre maus e bons" (Mt 5,45). Em consequência, exige-se: "Sede misericordiosos como o vosso Pai é misericordioso" (Lc 6,36).

61. Como motivo para alargar o coração a fim de não excluir o estrangeiro, invoca-se a memória que o povo judeu conserva de ter vivido como estrangeiro

---

[3] *Talmud Bavli* (Talmud de Babilônia), *Shabbat*, 31 a.

no Egito. Tal motivo aparece já nos textos mais antigos da Bíblia: "Não maltrates o migrante nem o oprimas, pois vós fostes migrantes na terra do Egito" (Ex 22,20). "Não oprimas o migrante; vós conheceis a alma do migrante, pois fostes migrantes na terra do Egito" (Ex 23,9). "Se um migrante morar convosco na terra, não o maltratareis. O migrante em vosso meio será para vós como o nativo. Ama-o como a ti mesmo, pois também vós fostes migrantes na terra do Egito. Eu sou o Senhor, vosso Deus" (Lv 19,33-34). "Quando vindimares a tua vinha, não voltarás a rebuscar o que ficou: será para o migrante, o órfão e a viúva. Lembra-te de que foste escravo no Egito" (Dt 24,21-22). No Novo Testamento, ressoa intensamente o apelo ao amor fraterno: "Pois toda a lei se resume neste único mandamento: *'Amarás o teu próximo como a ti mesmo'*" (Gl 5,14). "Quem ama o seu irmão, permanece na luz e não corre perigo de tropeçar. Mas quem odeia o seu irmão, está nas trevas" (1Jo 2,10-11). "Sabemos que passamos da morte para a vida, porque amamos os irmãos. Quem não ama, permanece na morte" (1Jo 3,14). "Quem não ama o seu irmão, a quem vê, não poderá amar a Deus, a quem não vê" (1Jo 4,20).

62. Mesmo essa proposta de amor podia ser mal compreendida. Foi por alguma razão que, perante a tentação das primeiras comunidades cristãs de criarem grupos fechados e isolados, São Paulo exortava os seus discípulos a ter caridade uns para com os outros "e para com todos" (1Ts 3,12) e, na comunidade de João, pedia-se que fossem bem recebidos os irmãos, "ainda que forasteiros" (3Jo 5). Esse contexto ajuda a entender o valor da parábola do bom samaritano: ao amor não interessa se o irmão ferido vem daqui ou de acolá. Com efeito, é o "amor que rompe as cadeias que nos isolam e separam, lançando pontes; o amor que nos permite construir uma grande família na qual todos nós podemos nos sentir em casa [...]. Amor que sabe de compaixão e dignidade".[4]

O abandonado

63. Conta Jesus que havia um homem ferido, estendido por terra no caminho, que fora assaltado. Passaram vários ao seu lado, mas foram embora, não pararam. Eram pessoas com funções importantes na sociedade, que não tinham no coração o amor pelo bem comum. Não foram capazes de perder uns minutos para cuidar do ferido ou, pelo menos, procurar ajuda. Um parou, ofereceu-lhe proximidade, curou-o com as próprias mãos, pôs também dinheiro do seu bolso e ocupou-se dele. Sobretudo, deu-lhe algo que, neste

---

[4] FRANCISCO. *Discurso no encontro com os assistidos nas obras sociocaritativas da Igreja* (Tallinn – Estônia, 25 de setembro de 2018): *L'Osservatore Romano* (27/9/2018), 8.

mundo apressado, regateamos tanto: deu-lhe o seu tempo. Tinha certamente os seus planos para aproveitar aquele dia segundo suas necessidades, compromissos ou desejos. Mas conseguiu deixar tudo de lado à vista do ferido e, sem conhecê-lo, considerou-o digno de lhe dedicar o seu tempo.

64. Com quem você se identifica? É uma pergunta sem rodeios, direta e determinante: a qual deles você se assemelha? Precisamos reconhecer a tentação que nos cerca de nos desinteressar pelos outros, especialmente pelos mais frágeis. Dizemos que crescemos em muitos aspectos, mas somos analfabetos em acompanhar, cuidar e sustentar os mais frágeis e vulneráveis das nossas sociedades desenvolvidas. Habituamo-nos a olhar para o outro lado, a passar à margem, a ignorar as situações, até elas nos caírem diretamente em cima.

65. Assaltam uma pessoa na rua, e muitos fogem como se não tivessem visto nada. Sucede muitas vezes que pessoas atropelam alguém com seu carro e fogem. Pensam só em evitar problemas; não importa se um ser humano morre por sua culpa. Mas esses são sinais de um estilo de vida generalizado, que se manifesta de várias maneiras, porventura mais sutis. Além disso, como estamos todos muito concentrados nas nossas necessidades, ver alguém que está mal incomoda-nos, perturba-nos, porque não queremos perder tempo por culpa dos problemas alheios. São sintomas de uma sociedade enferma, pois procura construir-se de costas para o sofrimento.

66. É melhor não cair nessa miséria. Olhemos para o modelo do bom samaritano. É um texto que nos convida a fazer ressurgir nossa vocação de cidadãos do próprio país e do mundo inteiro, construtores de um novo vínculo social. Embora esteja inscrito como lei fundamental do nosso ser, é um apelo sempre novo: que a sociedade se oriente para a busca do bem comum e, a partir desse objetivo, reconstrua incessantemente a sua ordem política e social, o tecido das suas relações, o seu projeto humano. Com os seus gestos, o bom samaritano fez ver que "a existência de cada um de nós está ligada à dos outros: a vida não é tempo que passa, mas tempo de encontro".[5]

67. Essa parábola é um ícone iluminador, capaz de manifestar a opção fundamental que precisamos fazer para reconstruir nosso mundo ferido. Diante de tanta dor, à vista de tantas feridas, a única via de saída é ser como o bom samaritano. Qualquer outra opção nos deixa ou com os salteadores ou com os que passam ao largo, sem se compadecer com o sofrimento do ferido na estrada. A parábola nos mostra as iniciativas com

---

[5] FRANCISCO. *Videomensagem ao encontro internacional* TED2017 *em Vancouver* (26 de abril de 2017): *L'Osservatore Romano* (ed. semanal portuguesa de 4/5/2017), 16.

que se pode refazer uma comunidade a partir de homens e mulheres que assumem como própria a fragilidade dos outros, não deixam constituir-se uma sociedade de exclusão, mas fazem-se próximos, levantam e reabilitam o caído, para que o bem seja comum. Ao mesmo tempo, a parábola adverte-nos sobre certas atitudes de pessoas que só olham para si mesmas e não atendem às exigências inevitáveis da realidade humana.

68. A narração – digamo-lo claramente – não desenvolve uma doutrina feita de ideais abstratos, nem se limita à funcionalidade de uma moral ético-social. Mas revela-nos uma característica essencial do ser humano, frequentemente esquecida: fomos criados para a plenitude, que só se alcança no amor. Viver indiferentes à dor não é uma opção possível; não podemos deixar ninguém caído "nas margens da vida". Isso deve indignar-nos de tal maneira que nos faça descer da nossa serenidade, alterando-nos com o sofrimento humano. Isso é dignidade.

Uma história que se repete

69. A narração é simples e linear, mas contém toda a dinâmica da luta interior que se verifica na elaboração da nossa identidade, que se verifica em toda a existência projetada na realização da fraternidade humana. Enquanto caminhamos, inevitavelmente esbarramos no homem ferido. Hoje, há cada vez mais feridos. A inclusão ou exclusão da pessoa que sofre na margem da estrada define todos os projetos econômicos, políticos, sociais e religiosos. Dia a dia, enfrentamos a opção de sermos bons samaritanos ou caminhantes indiferentes, que passam ao largo. Se estendermos o olhar à totalidade da nossa história e ao mundo no seu conjunto, reconheceremos que todos somos, ou fomos, como essas personagens: todos temos algo do ferido, do salteador, daqueles que passam ao largo e do bom samaritano.

70. Digno de nota é o fato de as diferenças entre as personagens na parábola ficarem completamente transformadas ao confrontar-se com a dolorosa aparição do caído, do humilhado. Já não há distinção entre habitante da Judeia e habitante da Samaria, não há sacerdote nem comerciante; existem simplesmente dois tipos de pessoas: aquelas que cuidam do sofrimento e aquelas que passam ao largo; aquelas que se debruçam sobre o caído e o reconhecem necessitado de ajuda e aquelas que olham distraídas e aceleram o passo. De fato, caem as nossas múltiplas máscaras, os nossos rótulos e os nossos disfarces: é a hora da verdade. Debruçar-nos-emos para tocar e cuidar das feridas dos outros? Abaixar-nos-emos para levar às costas o outro? Esse é o desafio atual, de que não devemos ter medo. Nos momentos de crise, a opção torna-se premente:

poderíamos dizer que, neste momento, quem não é salteador e quem não passa ao largo, ou está ferido, ou carrega nos ombros algum ferido.

71. A história do bom samaritano se repete: torna-se cada vez mais evidente que a indiferença social e política faz de muitos lugares do mundo estradas desoladas, nas quais as disputas internas e internacionais e o saque de oportunidades deixam muitos marginalizados, jogados à margem da estrada. Em sua parábola, Jesus não propõe alternativas: o que sucederia, por exemplo, no caso daquele homem ferido ou de quem o ajudou, se tivessem dado espaço em seus corações ao ódio ou à sede de vingança? Jesus não se detém nisso. Confia na parte melhor do espírito humano e, com a parábola, anima-o a aderir ao amor, a reintegrar o ferido e a construir uma sociedade digna de tal nome.

As personagens

72. A parábola começa com os salteadores. O ponto de partida escolhido por Jesus é um assalto já consumado. Não nos detém na lamentação do fato, nem dirige nosso olhar para os salteadores. São coisas do nosso conhecimento. Vimos avançar no mundo as sombras densas do abandono, da violência usada para mesquinhos interesses de poder, acúmulo e repartição. A questão poderia ser esta: vamos abandonar o homem ferido e correr para nos refugiar da violência ou para perseguir os ladrões? Será o ferido a justificativa das nossas divisões irreconciliáveis, das nossas cruéis indiferenças, dos nossos confrontos internos?

73. De imediato, a parábola nos faz voltar o olhar claramente para aqueles que passam distantes. Essa perigosa indiferença que leva a não parar, inocente ou não, fruto do desprezo ou de uma triste distração, faz das duas personagens – o sacerdote e o levita – um reflexo não menos triste daquela distância menosprezadora que isola da realidade. Há muitas maneiras de passar ao largo, que são complementares: uma é ensimesmar-se, desinteressar-se dos outros, ficar indiferente; outra seria olhar só para fora. Relativamente a essa última maneira de passar ao largo, em alguns países ou em certos setores deles, verifica-se um desprezo pelos pobres e por sua cultura, bem como um viver com o olhar voltado para fora, como se um projeto de país importado procurasse ocupar o seu lugar. Assim se pode justificar a indiferença de alguns, pois, aqueles que poderiam tocar os seus corações com as suas reivindicações, simplesmente não existem; estão fora do seu horizonte de interesses.

74. Nas pessoas que passam à distância, há um detalhe que não podemos ignorar: eram pessoas religiosas. Mais ainda, dedicavam-se a prestar culto a Deus: um sacerdote e um levita. Isso é uma forte chamada de atenção: indica que o fato de crer em Deus e adorá--lo não é garantia de viver como agrada a Deus. Uma pessoa de fé pode não ser fiel a tudo o que essa mesma fé exige dela e, no entanto, sentir-se perto de Deus e julgar-se com mais dignidade do que os outros. Mas há maneiras de viver a fé que facilitam a abertura do coração aos irmãos, e essa será a garantia de uma autêntica abertura a Deus. São João Crisóstomo expressou, com muita clareza, esse desafio que se apresenta aos cristãos: "Queres honrar o Corpo de Cristo? Não permitas que seja desprezado nos seus membros, isto é, nos pobres que não têm o que vestir, nem o honres aqui no templo com vestes de seda, enquanto lá fora o abandonas ao frio e à nudez".[6] O paradoxo é que, às vezes, aqueles que dizem que não acreditam podem viver melhor a vontade de Deus do que aqueles que creem.

75. Habitualmente os "salteadores do caminho" têm, como cúmplices, aqueles que "passam pelo caminho olhando para o outro lado". O círculo se fecha entre aqueles que usam e enganam a sociedade para sugá-la, e aqueles que julgam manter a pureza na sua função crítica, mas ao mesmo tempo vivem desse sistema e de seus recursos. Verifica-se uma triste hipocrisia quando a impunidade do delito, o uso das instituições para interesses pessoais ou corporativos e outros males que

---

[6] *Homiliae in Matthaeum*, 50, 3-4: *PG* 58, 508.

não conseguimos banir se associam a uma desqualificação permanente de tudo, à constante sementeira de suspeitas que gera desconfiança e perplexidade. Ao engano de que "tudo está mal" corresponde o dito "ninguém o pode consertar. Sendo assim, que posso fazer eu?". Desse modo, alimentam-se o desencanto e a falta de esperança; e isso não estimula um espírito de solidariedade e generosidade. Fazer um povo precipitar no desânimo é o epílogo de um perfeito círculo vicioso: assim procede a ditadura invisível dos verdadeiros interesses ocultos, que se apoderaram dos recursos e da capacidade de ter opinião e pensamento próprios.

76. Olhemos, enfim, o ferido. Às vezes, sentimo-nos como ele, gravemente feridos e atirados para a margem da estrada. Sentimo-nos também abandonados pelas nossas instituições desguarnecidas e carentes, ou voltadas para servir os interesses de poucos, externa e internamente. Com efeito, "na sociedade globalizada, existe um estilo elegante de olhar para o outro lado, que se pratica de maneira recorrente: sob as aparências do politicamente correto ou das modas ideológicas, olhamos para aquele que sofre, mas não o tocamos, transmitimo-lo ao vivo e até proferimos um discurso aparentemente tolerante e cheio de eufemismos".[7]

---

[7] FRANCISCO. *Mensagem por ocasião do IV Encontro Mundial dos Movimentos Populares*, em Modesto, Estados Unidos da América (10 de fevereiro de 2017): *AAS* 109 (2017), 291.

Recomeçar

77. A cada dia nos é oferecida uma nova oportunidade, uma etapa nova. Não devemos esperar tudo daqueles que nos governam; seria infantil. Gozamos de um espaço de corresponsabilidade capaz de iniciar e gerar novos processos e transformações. Sejamos parte ativa na reabilitação e no apoio das sociedades feridas. Hoje, temos à nossa frente a grande ocasião de expressar o nosso ser irmãos, de sermos outros bons samaritanos que tomam sobre si a dor dos fracassos, em vez de fomentar ódios e ressentimentos. Como o caminhante ocasional da nossa história, é preciso apenas o desejo gratuito, puro e simples de ser povo, de ser constantes e incansáveis no compromisso de incluir, integrar, levantar quem está caído; embora muitas vezes nos vejamos imersos e condenados a repetir a lógica dos violentos, daqueles que nutrem ambições só para si mesmos, espalhando confusão e mentira. Deixemos que outros continuem a pensar na política ou na economia para os seus jogos de poder. Alimentemos o que é bom e coloquemo-nos a serviço do bem.

78. É possível começar por baixo e, caso a caso, lutar pelo mais concreto e local, e então expandir para os confins de nossos países e do mundo, com o mesmo cuidado que o caminhante da Samaria teve para com cada chaga do ferido. Procuremos os outros e ocupemo-nos da realidade que nos compete, sem temer a dor nem a impotência, porque naquela está todo o bem que Deus semeou no coração do ser humano. As dificuldades que parecem enormes são a oportunidade para crescer, e não a desculpa para a tristeza inerte que favorece a sujeição. Mas não o façamos sozinhos, individualmente. O samaritano procurou um estalajadeiro que pudesse cuidar daquele homem, como nós somos chamados a convidar outros e a encontrar-nos em um "nós" mais forte do que a soma de pequenas individualidades; lembremo-nos de que "o todo é mais do que a parte, sendo também mais do que a simples soma delas" (EG, n. 235). Renunciemos à mesquinhez e ao ressentimento de particularismos estéreis, de contraposições sem fim. Deixemos de ocultar a dor das perdas e assumamos os nossos delitos, desmazelos e mentiras. A reconciliação reparadora ressuscitar-nos-á, fazendo perder o medo a nós mesmos e aos outros.

79. O samaritano do caminho partiu sem esperar reconhecimentos nem agradecimentos. A dedicação ao serviço era a grande satisfação diante do seu Deus e na própria vida e, consequentemente, um dever. Todos temos uma responsabilidade pelo ferido que é o nosso povo e todos os povos da terra. Cuidemos da fragilidade de cada homem, cada mulher, cada criança e cada idoso, com a mesma atitude solidária e solícita, a mesma atitude de proximidade do bom samaritano.

O próximo sem fronteiras

80. Jesus propôs essa parábola para responder a uma pergunta: "E quem é o meu próximo?" (Lc 10,29). A palavra "próximo", na sociedade do tempo de Jesus, costumava indicar a pessoa que está mais vizinha, mais próxima. Pensava-se que a ajuda devia encaminhar-se, em primeiro lugar, àqueles que pertencem ao próprio grupo, à própria raça. Para alguns judeus de então, um samaritano era considerado um ser desprezível, impuro, e, por conseguinte, não estava incluído entre o próximo a quem se deveria ajudar. O judeu Jesus transforma completamente essa impostação: não nos convida a interrogar-nos quem é nosso próximo, mas a tornar-nos nós mesmos próximos.

81. A proposta é fazer-se presente a quem precisa de ajuda, independentemente de fazer parte ou não do próprio círculo de pertença. Nesse caso, o samaritano foi quem *se fez próximo* do judeu ferido. Para se tornar próximo e presente, ultrapassou todas as barreiras culturais e históricas. A conclusão de Jesus é um pedido: "Vai e faze o mesmo" (Lc 10,37). Por outras palavras, desafia-nos a deixar de lado toda a diferença e, na presença do sofrimento, fazer-nos próximos a quem quer que seja. Assim, já não digo que tenho "próximos" a quem devo ajudar, mas que me sinto chamado a tornar-me, eu, um próximo dos outros.

82. O problema é que Jesus destaca explicitamente que o homem ferido era um judeu – habitante da Judeia –, enquanto aquele que se deteve e o ajudou era um samaritano – habitante da Samaria. Esse detalhe reveste-se de uma importância excepcional ao refletirmos sobre um amor que se abre a todos. Os samaritanos habitavam em uma região que fora contagiada por ritos pagãos, o que – aos olhos dos judeus – os tornava impuros, detestáveis, perigosos. De fato, um antigo texto judaico, que menciona as nações odiadas, refere-se à Samaria afirmando até que "nem é nação", e acrescenta que é "o povo insensato que habita em Siquém" (Sr 50,25.26).

83. Isso explica por que uma mulher samaritana, quando Jesus lhe pediu de beber, observou: "Como é que tu, sendo judeu, pedes de beber a mim, que sou uma mulher samaritana?" (Jo 4,9). E em outra ocasião, ao procurar acusações que pudessem desacreditar Jesus, a coisa mais ofensiva que encontraram foi dizer-lhe: "tens um demônio" e "és um samaritano" (Jo 8,48). Portanto, esse encontro misericordioso entre um samaritano e um judeu é uma forte provocação, que desmente toda manipulação ideológica, desafiando-nos a ampliar nosso círculo, a dar à nossa capacidade de amar uma dimensão universal, capaz de ultrapassar todos os preconceitos, todas as barreiras históricas ou culturais, todos os interesses mesquinhos.

A provocação do forasteiro

84. Por fim, lembro que Jesus diz em outra parte do Evangelho: "Eu era forasteiro, e me recebestes em casa" (Mt 25,35). Jesus podia dizer essas palavras, porque tinha um coração aberto, que assumia os dramas dos outros. São Paulo exortava: "Alegrai-vos com os que se alegram, chorai com os que choram" (Rm 12,15). Quando o coração assume essa atitude, é capaz de se identificar com o outro sem se importar com o lugar em que nasceu nem de onde vem. Entrando nessa dinâmica, em última análise, experimenta que os outros são "a tua própria carne" (Is 58,7).

85. Para os cristãos, as palavras de Jesus têm ainda outra dimensão, transcendente. Implicam reconhecer o próprio Cristo em cada irmão abandonado ou excluído (Mt 25,40.45). Na realidade, a fé cumula de motivações inauditas o reconhecimento do outro, pois quem acredita pode chegar a reconhecer que Deus ama cada ser humano com amor infinito e que "assim lhe confere uma dignidade infinita".[8] Além disso, acreditamos que Cristo derramou o seu sangue por todos e cada um, pelo que ninguém fica fora do seu amor universal. Se formos à fonte suprema, que é a vida íntima de Deus,

---

[8] SÃO JOÃO PAULO II. *Alocução do* Angelus *rezado com os inválidos* (Osnabrück – República Federal da Alemanha, 16 de novembro de 1980): *L'Osservatore Romano* (ed. semanal portuguesa de 23/11/1980), 20.

encontramo-nos com uma comunidade de três Pessoas, origem e modelo perfeito de toda a vida em comum. A teologia continua a enriquecer-se graças à reflexão sobre essa grande verdade.

86. Às vezes, deixa-me triste o fato de, apesar de estar dotada de tais motivações, a Igreja ter demorado tanto tempo para condenar energicamente a escravidão e várias formas de violência. Hoje, com o desenvolvimento da espiritualidade e da teologia, não temos desculpas. Todavia, ainda há aqueles que parecem sentir-se encorajados ou pelo menos autorizados por sua fé a defender várias formas de nacionalismo fechado e violento, atitudes xenófobas, desprezo e até maus-tratos àqueles que são diferentes. A fé, com o humanismo que inspira, deve manter vivo um senso crítico perante essas tendências e ajudar a reagir rapidamente quando começam a insinuar-se. Para isso, é importante que a catequese e a pregação incluam, de forma mais direta e clara, o sentido social da existência, a dimensão fraterna da espiritualidade, a convicção sobre a dignidade inalienável de cada pessoa e as motivações para amar e acolher a todos.

Capítulo III

PENSAR E GERAR
UM MUNDO ABERTO

87. O ser humano se faz de tal maneira que não se realiza, não se desenvolve, nem pode encontrar a sua plenitude "a não ser por um sincero dom de si mesmo" (GS, n. 24) aos outros. Ele não chega a reconhecer completamente a própria verdade, senão no encontro com os outros: "Só me comunico realmente comigo mesmo à medida que me comunico com o outro".[1] Isso explica por que ninguém pode experimentar o valor de viver sem rostos concretos a quem amar. Aqui está um segredo da existência humana autêntica, já que "a vida subsiste onde há vínculo, comunhão, fraternidade; e é uma vida mais forte do que a morte, quando se constrói sobre verdadeiras relações e vínculos de fidelidade. Pelo contrário, não há vida quando se tem a pretensão de pertencer apenas a si mesmo e de viver como ilhas: nessas atitudes, prevalece a morte".[2]

---

[1] MARCEL, Gabriel. *Du refus à l'invocation* (Paris, 1940), 50.

[2] FRANCISCO. *Alocução do* Angelus (10 de novembro de 2019): *L'Osservatore Romano* (ed. semanal portuguesa de 12/11/2019), 3.

Mais além

88. A partir da intimidade de cada coração, o amor cria vínculos e amplia a existência, quando arranca a pessoa de si mesma para o outro.[3] Feitos para o amor, existe em cada um de nós "uma espécie de lei de 'êxtase': sair de si mesmo para encontrar nos outros um acréscimo de ser".[4] Por isso, "o homem deve conseguir um dia partir de si mesmo, deixar de procurar apoio em si mesmo, deixar-se levar".[5]

89. Mas não posso reduzir a minha vida à relação com um pequeno grupo, nem mesmo com minha própria família, porque é impossível compreender a mim mesmo sem uma teia mais ampla de relações: e não só as do momento atual, mas também as relações dos anos anteriores que me foram configurando ao longo da vida. A minha relação com uma pessoa que estimo não pode ignorar que essa pessoa não vive só para a sua relação comigo, nem eu vivo apenas me relacionando com ela. A nossa relação, se é sadia e autêntica, abre-nos aos outros, que nos fazem crescer e enriquecem. O mais

---

[3] Santo Tomás DE AQUINO. *Scriptum super Sententiis*, lib. III, dist. 27, q. 1, a. 1, ad 4: "*Dicitur amor extasim facere, et fervere, quia quod fervet extra se bullit et exhalat* – Diz-se que o amor produz êxtase e efervescência, contanto que o efervescente ferva fora de si e expire".

[4] WOJTILA, Karol. *Amore e responsabilità* (Casale Monferrato, 1983), 90.

[5] RAHNER, Karl. *Kleines Kirchenjahr. Ein Gang durch den Festkreis* (Friburgo, 1981), 30.

nobre sentido social hoje fica facilmente anulado sob intimismos egoístas com aparência de relações intensas. Pelo contrário, o amor autêntico, que ajuda a crescer, e as formas mais nobres de amizade habitam em corações que se deixam completar. O vínculo de casal e de amizade está orientado para abrir o coração ao redor, para nos tornar capazes de sair de nós mesmos até acolher a todos. Os grupos fechados e os casais autorreferenciais, que se constituem como um "nós" contraposto ao mundo inteiro, habitualmente são formas idealizadas de egoísmo e mera autoproteção.

90. Não é sem razão que muitas populações pequenas e sobrevivendo em áreas desérticas conseguiram desenvolver uma generosa capacidade de acolhimento dos peregrinos que passavam, dando, assim, um sinal exemplar do dever sagrado da hospitalidade. Viveram-no também as comunidades monásticas medievais, como se verifica na *Regra de São Bento*. Embora pudessem perturbar a ordem e o silêncio dos mosteiros, São Bento exigia que se tratassem os pobres e os peregrinos "com toda consideração e carinho possíveis".[6] A hospitalidade é uma maneira concreta de não se privar desse desafio e desse dom que é o encontro com a humanidade mais além do próprio grupo. Aquelas pessoas reconheciam que todos os valores por elas cultivados deviam

---

[6] *Regula*, 53, 15: "*Pauperum et peregrinorum maxime susceptioni cura sollicite exhibeatur*".

ser acompanhados por essa capacidade de transcender a si mesmas em uma abertura aos outros.

O valor único do amor

91. As pessoas podem desenvolver algumas atitudes que apresentam como valores morais: fortaleza, sobriedade, laboriosidade e outras virtudes. Mas, para orientar adequadamente os atos das várias virtudes morais, é necessário considerar também em que medida eles realizam um dinamismo de abertura e união para com outras pessoas. Esse dinamismo é a caridade infundida por Deus. Caso contrário, talvez tenhamos só uma aparência de virtudes, que serão incapazes de construir a vida em comum. Por isso, dizia Santo Tomás de Aquino – citando Santo Agostinho – que a temperança de uma pessoa avarenta nem sequer é virtuosa.[7] Com outras palavras, explicava São Boaventura que as demais virtudes, sem a caridade, não cumprem estritamente os Mandamentos "como Deus os compreende".[8]

92. A estatura espiritual de uma vida humana é medida pelo amor, que constitui "o critério para a decisão definitiva sobre o valor ou a inutilidade de uma

---

[7] *Summa theologiae* II-II, q. 23, art. 7; Santo Agostinho, *Contra Julianum*, 4, 18: *PL* 44, 748: "De quantos prazeres se privam os avarentos, para aumentar os seus tesouros ou com medo de os ver diminuir!".

[8] *"Secundum acceptionem divinam"*: SÃO BOAVENTURA. *Scriptum super Sententiis*, lib. III, dist. 27, a. 1, q. 1, concl. 4.

vida humana" (DCE, n. 15).[9] Todavia, há pessoas que creem que pensam que a sua grandeza está na imposição das suas ideologias aos outros, ou na defesa violenta da verdade, ou em grandes demonstrações de força. Todos nós, que cremos, devemos reconhecer isto: em primeiro lugar está o amor, o amor nunca deve ser colocado em risco, o maior perigo é não amar (1Cor 13,1-13).

93. Procurando especificar em que consiste a experiência de amar, a qual Deus torna possível com sua graça, Santo Tomás de Aquino explicava-a como um movimento que centra a atenção no outro, "consideran-do-o como um só comigo mesmo".[10] A atenção afetiva prestada ao outro provoca uma orientação que leva a procurar o seu bem gratuitamente. Tudo isso parte de uma estima, de uma apreciação que, em última análise, é o que está por trás da palavra "caridade": o ser amado é "caro" para mim, ou seja, é estimado como de grande valor.[11] E "do amor, pelo qual uma pessoa me *agrada*, depende que lhe dê algo *gratuitamente*".[12]

94. Sendo assim, o amor implica algo mais do que uma série de ações benéficas. As ações derivam de uma união que propende cada vez mais para o outro,

---

[9] BENTO XVI. Carta Encíclica *Deus Caritas Est*: sobre o amor cristão. (Voz do Papa, 189). São Paulo: Paulinas, 2007.

[10] *Summa theologiae* II-II, q. 27, art. 2, resp.

[11] *Summa theologiae* I-II, q. 26, art. 3, resp.

[12] *Summa theologiae*, q. 110, art. 1, resp.

considerando-o precioso, digno, aprazível e bom, independentemente das aparências físicas ou morais. O amor ao outro por ser quem é impele-nos a procurar o melhor para a sua vida. Só cultivando essa forma de nos relacionarmos é que tornaremos possível a amizade social que não exclui ninguém e a fraternidade aberta a todos.

A progressiva abertura do amor

95. Enfim, o amor coloca-nos em tensão para a comunhão universal. Ninguém amadurece nem alcança a plenitude isolando-se. Por sua própria dinâmica, o amor exige uma progressiva abertura, uma maior capacidade de acolher os outros, em uma aventura sem fim, que faz convergir todas as periferias rumo a um sentido pleno de mútua pertença. Disse-nos Jesus: "Todos vós sois irmãos" (Mt 23,8).

96. Essa necessidade de ir além dos próprios limites vale também para as diferentes regiões e países. De fato, "o número sempre crescente de ligações e comunicações que envolvem o nosso planeta torna mais palpável a consciência da unidade e partilha de um destino comum entre as nações da Terra. Assim, nos dinamismos da história – independentemente da diversidade das etnias, das sociedades e das culturas –, vemos semeada a vocação para formar uma comunidade feita

de irmãos que se acolhem mutuamente e cuidam uns dos outros".[13]

Sociedades abertas que integram a todos

97. Existem periferias que estão próximas de nós, no centro de uma cidade ou na própria família. Também há um aspecto da abertura universal do amor que não é geográfico, mas existencial: a capacidade diária de alargar o meu círculo, chegar àqueles que espontaneamente não sinto como parte do meu mundo de interesses, ainda que se encontrem perto de mim. Por outro lado, cada irmã ou cada irmão que sofre, abandonado ou ignorado pela minha sociedade, é um forasteiro existencial, embora tenha nascido no mesmo país. Pode ser um cidadão com todos os documentos em ordem, mas fazem-no sentir-se como um estrangeiro na própria terra. O racismo é um vírus que muda facilmente e, em vez de desaparecer, dissimula-se, mas está sempre à espreita.

98. Quero lembrar esses "exilados ocultos", que são tratados como corpos estranhos à sociedade.[14] Muitas pessoas com deficiência "sentem que vivem

---

[13] FRANCISCO. *Mensagem para o 47º Dia Mundial da Paz de 2014* (8 de dezembro de 2013), 1: *AAS* 106 (2014), 22.

[14] FRANCISCO. *Alocução do* Angelus (29 de dezembro de 2013): *L'Osservatore Romano* (ed. semanal portuguesa de 2/1/2014), 12; *Discurso ao corpo diplomático acreditado junto da Santa Sé* (12 de janeiro de 2015): *AAS* 107 (2015), 165.

sem pertença nem participação". Ainda há tanto "que as impede de se beneficiar da plena cidadania". O objetivo não é apenas cuidar delas, mas "acompanhá-las e 'ungi-las' de dignidade para uma participação ativa na comunidade civil e eclesial. Trata-se de um caminho exigente e igualmente cansativo, que contribuirá cada vez mais para a formação de consciências capazes de reconhecer cada um como pessoa única e irrepetível". Penso igualmente nos "idosos que, inclusive por causa da sua deficiência, são por vezes sentidos como um peso". Mas todos podem dar "uma contribuição singular para o bem comum por meio de sua biografia original". Permiti que insista: "Tende a coragem de dar voz àqueles que são discriminados por causa de sua condição de deficiência, porque infelizmente, em certas nações, ainda hoje é difícil reconhecê-los como pessoas de igual dignidade".[15]

Noções inadequadas de um amor universal

99. O amor que se estende para além das fronteiras está na base daquilo que chamamos "amizade social" em cada cidade ou em cada país. Se for genuína, essa amizade social dentro de uma sociedade é condição para possibilitar uma verdadeira abertura universal. Não

---

[15] FRANCISCO. *Mensagem para o Dia Internacional das Pessoas com Deficiência* (3 de dezembro de 2019): *L'Osservatore Romano* (ed. semanal portuguesa de 10/12/2019), 4.

se trata daquele falso universalismo de quem precisa viajar constantemente, porque não suporta nem ama o próprio povo. Quem olha para sua gente com desprezo, estabelece na própria sociedade categorias de primeira e segunda classe, de pessoas com mais ou menos dignidade e direitos. Desse modo, nega que haja espaço para todos.

100. Tampouco estou propondo um universalismo autoritário e abstrato, ditado ou planejado por alguns e apresentado como um suposto ideal com o propósito de homogeneizar, dominar e saquear. Há um modelo de globalização que "visa conscientemente uma uniformidade unidimensional e procura eliminar todas as diferenças e as tradições em uma busca superficial de unidade [...]. Se uma globalização pretende fazer a todos iguais, como se fosse uma esfera, tal globalização destrói a riqueza e a singularidade de cada pessoa e de cada povo".[16] Esse falso sonho universalista acaba privando o mundo da variedade das suas cores, da sua beleza e, em última análise, da sua humanidade. Com efeito, "o futuro não é 'monocromático', mas – se tivermos coragem para isso – podemos contemplá-lo na variedade e na diversidade das contribuições que cada um pode dar. Como a nossa família humana precisa

---

[16] FRANCISCO. *Discurso no Encontro em prol da liberdade religiosa* (Filadélfia – Estados Unidos da América, 26 de setembro de 2015): *AAS* 107 (2015), 1050-1051.

aprender a viver conjuntamente, em harmonia e paz, sem necessidade de sermos todos iguais!".[17]

Superar um mundo de sócios

101. Retomemos agora a parábola do bom samaritano, que ainda tem muito a nos propor. Havia um homem ferido no caminho. As personagens que passavam ao lado dele não se concentravam no chamado interior de fazer-se próximas, mas somente na sua função, na posição social que ocupavam, em uma profissão prestigiosa na sociedade. Sentiam-se importantes para a sociedade de então, e o que mais as preocupava era o papel que deviam desempenhar. O homem ferido e abandonado no caminho era um incômodo para esse projeto, uma interrupção; e tratava-se de alguém que, por sua vez, não ocupava função alguma. Era um "ninguém", não pertencia a um grupo considerado notável, não tinha papel algum na construção da história. Entretanto, o generoso samaritano opunha-se a essas classificações fechadas, embora ele mesmo estivesse fora de qualquer uma dessas categorias, sendo simplesmente um estranho, sem um lugar próprio na sociedade. Assim, livre de todas as etiquetas e estruturas, foi capaz de interromper sua viagem, mudar os seus programas,

---

[17] FRANCISCO. *Discurso no Encontro com os jovens* (Tóquio – Japão, 25 de novembro de 2019): *L'Osservatore Romano* (ed. semanal portuguesa de 3/12/2019), 14.

estar disponível para se abrir à surpresa do homem ferido que precisava dele.

102. Que reação poderia provocar hoje essa narrativa, em um mundo onde constantemente aparecem e crescem grupos sociais que se agarram a uma identidade que os separa dos outros? Como isso afetaria aqueles que se organizam de maneira a impedir qualquer presença estrangeira que possa ameaçar sua identidade e suas estruturas autodefensivas e autorreferenciais? Nesse esquema, fica excluída a possibilidade de fazer-se próximo, sendo possível apenas ser próximo de quem permite consolidar os benefícios pessoais. Assim, o termo "próximo" perde todo significado, fazendo sentido apenas a palavra "sócio", aquele que é associado para determinados interesses.[18]

Liberdade, igualdade e fraternidade

103. A fraternidade não é resultado apenas de condições nas quais se respeitam as liberdades individuais, tampouco da prática de certa equidade. Embora sejam condições que a tornam possível, não bastam para que surja, como resultado necessário, a fraternidade. Ela tem algo de positivo a oferecer à liberdade e à igualdade. O que acontece quando não há a fraternidade conscientemente cultivada, quando

---

[18] Nestas considerações, deixo-me inspirar pelo pensamento de Paul Ricoeur, "Le *socius* et le prochain", in: RICOEUR, Paul. *Histoire et vérité* (Paris, 1967), 113-127.

não há uma vontade política de fraternidade, traduzida em uma educação para a fraternidade, o diálogo, a descoberta da reciprocidade e o enriquecimento mútuo como valores? Acontece que a liberdade se restringe, predominando, assim, uma condição de solidão, de pura autonomia para pertencer a alguém ou a alguma coisa, ou apenas para possuir e desfrutar. Isso não esgota, de maneira alguma, a riqueza da liberdade, que se orienta, sobretudo, para o amor.

104. Tampouco se alcança a igualdade definindo, abstratamente, que "todos os seres humanos são iguais", mas resulta do cultivo consciente e pedagógico da fraternidade. Aqueles que são capazes apenas de ser sócios criam mundos fechados. Em semelhante esquema, que sentido pode ter a pessoa que não pertence ao círculo dos sócios e chega sonhando com uma vida melhor para si e sua família?

105. O individualismo não nos torna mais livres, mais iguais, mais irmãos. A mera soma dos interesses individuais não é capaz de gerar um mundo melhor para toda a humanidade. Nem pode preservar-nos dos tantos males que se tornam cada vez mais globais. Mas o individualismo radical é o vírus mais difícil de vencer. Ilude. Faz-nos crer que tudo se reduz a deixar a rédea solta às próprias ambições, como se, acumulando ambições e seguranças individuais, pudéssemos construir o bem comum.

Amor universal que promove as pessoas

106. Para caminhar rumo à amizade social e à fraternidade universal, há que fazer um reconhecimento basilar e essencial: dar-se conta de quanto vale um ser humano, de quanto vale uma pessoa, sempre e em qualquer circunstância. Se cada um vale tanto assim, temos de dizer clara e firmemente que "o simples fato de ter nascido em um lugar com menores recursos ou menor desenvolvimento não justifica que algumas pessoas vivam menos dignamente" (EG, n. 190). Trata-se de um princípio elementar da vida social que é, habitualmente e de várias maneiras, ignorado por aqueles que sentem que não convém à sua visão do mundo ou não serve aos seus objetivos.

107. Todo ser humano tem direito de viver com dignidade e desenvolver-se integralmente, e nenhum país pode negar-lhe esse direito fundamental. Todos o possuem, mesmo quem é pouco eficiente, porque nasceu ou cresceu com limitações. De fato, isso não diminui a sua dignidade imensa de pessoa humana, que se baseia não nas circunstâncias, mas no valor do seu ser. Quando não se salvaguarda esse princípio elementar, não há futuro para a fraternidade nem para a sobrevivência da humanidade.

108. Há sociedades que acolhem apenas parcialmente esse princípio. Aceitam que haja possibilidades para todos, mas, suposto isso, defendem que tudo depende de cada um. Segundo essa perspectiva parcial, não teria sentido "investir para que os lentos, fracos ou menos dotados possam também singrar na vida" (EG, n. 209). Investir a favor das pessoas frágeis pode não ser rentável, pode implicar menor eficiência; requer um Estado presente e ativo e instituições da sociedade civil que ultrapassem a liberdade dos mecanismos eficientistas de certos sistemas econômicos, políticos ou ideológicos, porque estão verdadeiramente orientados, em primeiro lugar, para as pessoas e o bem comum.

109. Alguns nascem em famílias com boas condições econômicas, recebem boa educação, crescem bem alimentados, ou possuem por natureza notáveis capacidades. Seguramente não precisarão de um Estado ativo e apenas pedirão liberdade. Mas, obviamente, não se aplica a mesma regra a uma pessoa com deficiência, a alguém que nasceu em um lar extremamente pobre, a alguém que cresceu com uma educação de baixa qualidade e com reduzidas possibilidades para cuidar adequadamente das suas enfermidades. Se a sociedade se reger primariamente pelos critérios da liberdade de mercado e da eficiência, não haverá lugar para tais pessoas e a fraternidade não passará de uma palavra romântica.

110. A verdade é que "a simples proclamação da liberdade econômica, enquanto as condições *reais* impedem que muitos possam efetivamente ter acesso a ela [...], torna-se um discurso contraditório" (LS, n. 129). Palavras como "liberdade", "democracia" ou "fraternidade" esvaziam-se de sentido. Na realidade, "enquanto nosso sistema econômico-social ainda produzir uma só vítima que seja e enquanto houver uma pessoa descartada, não poderá haver a festa da fraternidade universal".[19] Uma sociedade humana e fraterna é capaz de preocupar-se em garantir, de modo eficiente e estável, que todos sejam acompanhados no percurso de sua vida, não apenas para assegurar as suas necessidades básicas, mas para que possam dar o melhor de si mesmos, ainda que o seu rendimento não seja o melhor, mesmo que sejam lentos, embora a sua eficiência não seja relevante.

111. A pessoa humana, com os seus direitos inalienáveis, está naturalmente aberta a criar vínculos. Habita nela, radicalmente, o apelo a transcender a si mesma no encontro com os outros. "É preciso, porém, ter cuidado para não cair em alguns equívocos que podem surgir de um errado conceito de direitos humanos e de um abuso paradoxal deles. De fato, há hoje a tendência para uma reivindicação crescente de direitos individuais – sinto-me tentado a dizer individualistas

---

[19] FRANCISCO. *Mensagem para o evento "Economy of Francesco"* (1º de maio de 2019): *Insegnamenti* II,2 (2014), 625-626; *L'Osservatore Romano* (ed. semanal portuguesa de 21/5/2019), 7.

– que esconde uma concepção de pessoa humana separada de todo o contexto social e antropológico, quase como uma 'mônada' (*monás*) cada vez mais insensível [...]. Na realidade, se o direito de cada um não está harmoniosamente ordenado para o bem maior, acaba por conceber-se sem limitações e, por conseguinte, tornar-se fonte de conflito e violência".[20]

Promover o bem moral

112. Não podemos deixar de afirmar que o desejo e a busca do bem dos outros e da humanidade inteira implicam também procurar um desenvolvimento das pessoas e das sociedades nos distintos valores morais que concorrem para um amadurecimento integral. No Novo Testamento, menciona-se um fruto do Espírito Santo (Gl 5,22), expresso em grego pela palavra *agathosyne*. Indica o apego ao bem, a busca do bem; mais ainda, é buscar aquilo que vale mais, o melhor para os outros: seu amadurecimento, seu crescimento em uma vida saudável, o cultivo dos valores, e não só o bem-estar material. No latim, há um termo semelhante: *bene-volentia*, isto é, a atitude de querer o bem do outro. É um forte desejo do bem, uma inclinação para tudo o que seja bom e exímio, que impele a encher a vida dos outros com coisas belas, sublimes, edificantes.

---

[20] FRANCISCO. *Discurso no Parlamento Europeu* (Estrasburgo, 25 de novembro de 2014): *AAS* 106 (2014), 997.

113. Nesse sentido, com tristeza, volto a destacar que "vivemos já muito tempo na degradação moral, descartando a ética, a bondade, a fé, a honestidade; chegou o momento de reconhecer que essa alegre superficialidade de pouco nos serviu. Tal destruição de todo o fundamento da vida social acaba por colocar-nos uns contra os outros na defesa dos próprios interesses" (LS, n. 229). Voltemos a promover o bem, para nós mesmos e para toda a humanidade, assim caminharemos juntos para um crescimento genuíno e integral. Cada sociedade precisa garantir a transmissão dos valores; caso contrário, transmitem-se o egoísmo, a violência, a corrupção nas suas diversas formas, a indiferença e, em última análise, uma vida fechada a toda transcendência e entrincheirada nos interesses individuais.

O valor da solidariedade

114. Quero destacar a solidariedade, que "como virtude moral e comportamento social, fruto da conversão pessoal, exige empenho por parte de uma multiplicidade de sujeitos que detêm responsabilidades de caráter educativo e formativo. Penso, em primeiro lugar, nas famílias, chamadas a uma missão educativa primária e imprescindível. Constituem o primeiro lugar onde se vivem e transmitem os valores do amor e da fraternidade, da convivência e da partilha, da atenção e do cuidado pelo outro. São também o espaço privilegiado para a transmissão da fé, a começar por aqueles primeiros gestos simples de devoção que as mães ensinam aos filhos. Quanto aos educadores e formadores que têm a difícil tarefa de educar as crianças e os jovens, na escola ou nos vários centros de agregação infantil e juvenil, devem estar cientes de que a sua responsabilidade envolve as dimensões moral, espiritual e social da pessoa. Os valores da liberdade, respeito mútuo e solidariedade podem ser transmitidos desde a mais tenra idade [...]. Também os agentes culturais e dos meios de comunicação social têm responsabilidades no campo da educação e da formação, especialmente na sociedade atual, na qual se difunde cada vez mais o acesso a instrumentos de informação e comunicação".[21]

115. Nestes momentos em que tudo parece diluir-se e perder consistência, faz-nos bem invocar a solidez,[22] que deriva do fato de nos sabermos responsáveis pela fragilidade dos outros na procura de um destino comum. A solidariedade manifesta-se concretamente no serviço, que pode assumir formas muito variadas de cuidar dos outros. O serviço é, "em grande

---

[21] FRANCISCO. *Mensagem para o 49º Dia Mundial da Paz de 2016* (8 de dezembro de 2015), 6: *AAS* 108 (2016), 57-58.

[22] A solidez está na raiz etimológica da palavra "solidariedade". Esta, segundo o significado ético-político assumido nos últimos dois séculos, gera uma construção social segura e firme.

parte, cuidar da fragilidade. Servir significa cuidar dos frágeis das nossas famílias, da nossa sociedade, do nosso povo". Nessa tarefa, cada um é capaz "de pôr de lado as suas exigências, expectativas, desejos de onipotência, à vista concreta dos mais frágeis [...]. O serviço fixa sempre o rosto do irmão, toca sua carne, sente sua proximidade e, em alguns casos, até 'padece' com ela e procura a promoção do irmão. Por isso, o serviço nunca é ideológico, dado que não servimos ideias, mas pessoas".[23]

116. Os menos favorecidos, em geral, "praticam aquela solidariedade tão especial que existe entre os que sofrem, entre os pobres, e que a nossa civilização parece ter esquecido, ou pelo menos tem grande vontade de esquecer. Solidariedade é uma palavra que nem sempre agrada; diria que algumas vezes a transformamos em um palavrão, não se pode dizer; mas uma palavra é muito mais do que alguns gestos de generosidade esporádicos. É pensar e agir em termos de comunidade, de prioridade da vida de todos sobre a apropriação dos bens por parte de alguns. É também lutar contra as causas estruturais da pobreza, a desigualdade, a falta de trabalho, a terra e a casa, a negação dos direitos sociais e laborais. É fazer face aos efeitos destrutivos do império do dinheiro [...]. A solidariedade, entendida

---

[23] FRANCISCO. *Homilia na Santa Missa* (Havana – Cuba, 20 de setembro de 2015): *L'Osservatore Romano* (ed. semanal portuguesa de 24/9/2015), 6.8.

no seu sentido mais profundo, é uma forma de fazer história, e é isso que os movimentos populares fazem".[24]

117. Quando falamos em cuidar da Casa Comum, que é o planeta, apelamos àquele mínimo de consciência universal e de preocupação pelo cuidado mútuo que ainda possa existir nas pessoas. De fato, se alguém tem água de sobra, mas poupa-a pensando na humanidade, é porque atingiu um nível moral que lhe permite transcender a si mesmo e ao seu grupo de pertença. Isso é maravilhosamente humano! Requer-se esse mesmo comportamento para reconhecer os direitos de todo ser humano, incluindo os nascidos fora de nossas próprias fronteiras.

Repropor a função social da propriedade

118. O mundo existe para todos, porque todos nós, seres humanos, nascemos nesta terra com a mesma dignidade. As diferenças de cor, religião, capacidade, local de nascimento, lugar de residência e muitas outras não podem antepor-se nem ser usadas para justificar privilégios de alguns em detrimento dos direitos de todos. Por conseguinte, como comunidade, temos o dever de garantir que cada pessoa viva com dignidade

---

[24] FRANCISCO. *Discurso do Papa Francisco aos participantes no Encontro Mundial dos Movimentos Populares*. Brasília: Edições CNBB, 2015, p. 6. Coleção Sendas, volume 1.

e disponha de adequadas oportunidades para seu desenvolvimento integral.

119. Nos primeiros séculos da fé cristã, vários sábios desenvolveram um sentido universal na sua reflexão sobre o destino comum dos bens criados.[25] Isso levou a pensar que, se alguém não tem o necessário para viver com dignidade, é porque outrem está se apropriando do que lhe é devido. São João Crisóstomo resume isso, dizendo que "não fazer os pobres participar dos próprios bens é roubar e tirar-lhes a vida; não são nossos, mas deles, os bens que aferrolhamos".[26] E São Gregório Magno di-lo assim: "Quando damos aos indigentes o que lhes é necessário, não oferecemos o que é nosso; limitamo-nos a restituir o que lhes pertence".[27]

120. Faço minhas e volto a propor a todos algumas palavras de São João Paulo II, cuja veemência talvez tenha passado despercebida: "Deus deu a terra a todo gênero humano, para que ela sustente todos os seus membros, sem excluir nem privilegiar ninguém"

---

[25] SÃO BASÍLIO. *Homilia 21. Quod rebus mundanis adhaerendum non sit*, 3 e 5: *PG* 31, 545-549; *Regulae brevius tractatae*, 92: *PG* 31, 1145-1148; SÃO PEDRO CRISÓLOGO. *Sermo* 123: *PL* 52, 536-540; SANTO AMBRÓSIO. *De Nabuthe* 27.52: *PL* 14, 738-739; SANTO AGOSTINHO. *In Iohannis Evangelium* 6, 25: *PL* 35, 1436-1437.

[26] *De Lazarum Concio* 2, 6: *PG* 48, 992D.

[27] *Regula pastoralis* 3, 21: *PL* 77, 87.

(CA, n. 31).[28] Nesse sentido, lembro que "a tradição cristã nunca reconheceu como absoluto ou intocável o direito à propriedade privada, e salientou a função social de qualquer forma de propriedade privada" (LS, n. 93). O princípio do uso comum dos bens criados para todos é o "primeiro princípio de toda ordem ético-social" (LE, n. 19),[29] é um direito natural, primordial e prioritário.[30] Todos os outros direitos sobre os bens necessários para a realização integral das pessoas, quaisquer que sejam eles, incluindo o da propriedade privada, "não devem – como afirmava São Paulo VI – impedir, mas, pelo contrário, facilitar a sua realização" (PP, n. 22). O direito à propriedade privada só pode ser considerado como um direito natural secundário e derivado do princípio do destino universal dos bens criados, e isso tem consequências muito concretas, que se devem refletir no funcionamento da sociedade. Mas acontece muitas vezes que os direitos secundários se sobrepõem aos prioritários e primordiais, deixando-os sem relevância prática.

---

[28] SÃO JOÃO PAULO II. Carta Encíclica *Centesimus Annus*: no centenário da *Rerum Novarum*, 1º de setembro de 1991. (Voz do Papa, 126). 7. ed. 2008, São Paulo, Paulinas.

[29] SÃO JOÃO PAULO II. Carta Encíclica *Laborem Exercens*: sobre o trabalho humano, 6 de agosto de 1964.

[30] CONSELHO PONTIFÍCIO JUSTIÇA E PAZ. *Compêndio da Doutrina Social da Igreja*, 172.

Direitos sem fronteiras

121. Por conseguinte, ninguém pode ser excluído, não importa onde tenha nascido, e contam menos ainda os privilégios que outros possam ter por nascerem em lugares com maiores possibilidades. Os limites e as fronteiras dos Estados não podem impedir que isso se cumpra. Assim como é inaceitável que uma pessoa tenha menos direitos pelo simples fato de ser mulher, de igual modo é inaceitável que o local de nascimento ou de residência determine, *per se*, menores oportunidades de vida digna e de desenvolvimento.

122. O desenvolvimento não deve orientar-se para a acumulação sempre maior de poucos, mas há de assegurar "os direitos humanos, pessoais e sociais, econômicos e políticos, incluindo os direitos das nações e dos povos" (SRS, n. 33).[31] O direito de alguns à liberdade de empresa ou de mercado não pode estar acima dos direitos dos povos e da dignidade dos pobres; nem acima do respeito pelo ambiente, pois "quem possui uma parte é apenas para a administrar em benefício de todos" (LS, n. 95).

123. É verdade que a atividade dos empresários "é uma nobre vocação orientada para produzir riqueza e melhorar o mundo para todos" (LS, n. 129). Deus nos

---

[31] SÃO JOÃO PAULO II. Carta Encíclica *Sollicitudo Rei Socialis*: pelo vigésimo aniversário da Encíclica *Populorum Progressio*, 30 de dezembro de 1987.

incita, esperando que desenvolvamos as capacidades que ele nos deu, bem como as potencialidades de que encheu o universo. Nos seus desígnios, cada homem é chamado a promover o seu próprio desenvolvimento (PP, n. 15; CV, n. 16), e isso inclui a implementação das capacidades econômicas e tecnológicas para fazer crescer os bens e aumentar a riqueza. Mas essas capacidades dos empresários, que são um dom de Deus, deveriam, em todo caso, orientar-se claramente para o desenvolvimento das outras pessoas e para a superação da miséria, especialmente pela criação de oportunidades de trabalho diversificadas. O direito de propriedade privada é sempre acompanhado do princípio mais importante e antecedente da subordinação de toda propriedade privada ao destino universal dos bens da terra e, consequentemente, ao direito de todos ao seu uso (LS, n. 93; EG, n. 189-190).

Direitos dos povos

124. Hoje se requer que a convicção do destino comum dos bens da terra se aplique também aos países, aos seus territórios e aos seus recursos. Se olharmos não só a partir da legitimidade da propriedade privada e dos direitos dos cidadãos de determinada nação, como também do primeiro princípio do destino comum dos bens, então podemos dizer que cada país é também do estrangeiro, já que os bens de um território não devem ser negados a uma pessoa necessitada que provenha de outro lugar. Pois, como ensinaram os bispos dos Estados Unidos, há direitos fundamentais que "precedem qualquer sociedade, porque derivam da dignidade concedida a cada pessoa enquanto criada por Deus".[32]

125. Isso supõe também outra maneira de compreender as relações e o intercâmbio entre países. Se toda pessoa possui uma dignidade inalienável, se todo ser humano é meu irmão ou minha irmã e se, na realidade, o mundo pertence a todos, não importa se alguém nasceu aqui ou vive fora dos limites de seu próprio país. Também a minha nação é corresponsável por seu desenvolvimento, embora possa cumprir tal responsabilidade de várias maneiras: acolhendo-o generosamente quando o requeira uma necessidade imperiosa, promovendo-o na sua própria terra, não desfrutando nem esvaziando de recursos naturais a países inteiros e não favorecendo sistemas corruptos que impedem o desenvolvimento digno dos povos. Isso que é válido para as nações, aplica-se às diferentes regiões de cada país, entre as quais se verificam, muitas vezes, graves desigualdades. Entretanto, a incapacidade de reconhecer a igual dignidade humana leva às vezes a que as regiões mais desenvolvidas de alguns países aspirem por libertar-se

---

[32] CONFERÊNCIA DOS BISPOS CATÓLICOS DOS ESTADOS UNIDOS. *Open wide our Hearts: The enduring Call to Love. A Pastoral Letter against Racism* (novembro de 2018).

do "fardo" das regiões mais pobres para aumentar ainda mais o seu nível de consumo.

126. Falamos de uma nova rede nas relações internacionais, porque não é possível resolver os graves problemas do mundo pensando apenas em termos de mútua ajuda entre indivíduos ou pequenos grupos. Lembremo-nos de que "a desigualdade não afeta apenas os indivíduos, mas países inteiros, e obriga a pensar em uma ética das relações internacionais" (LS, n. 51). E a justiça exige reconhecer e respeitar não só os direitos individuais, mas também os direitos sociais e os direitos dos povos (CV, n. 6). O que afirmamos implica que se assegure "o direito fundamental dos povos à subsistência e ao progresso" (CA, n. 35), que às vezes é fortemente dificultado pela pressão resultante da dívida externa. Em muitos casos, o pagamento da dívida não só não favorece o desenvolvimento como o limita e o condiciona intensamente. Embora se mantenha o princípio de que toda dívida legitimamente contraída deve ser paga, a maneira de cumprir esse dever, que muitos países pobres têm para com países ricos, não deve levar a comprometer sua subsistência e crescimento.

127. Trata-se, sem dúvida, de outra lógica. Se não se fizer esforço para entrar nessa lógica, as minhas palavras parecerão um devaneio. Mas, caso se aceite o grande princípio dos direitos que brotam do simples fato de possuir a inalienável dignidade humana, é possível aceitar o desafio de sonhar e pensar em uma humanidade diferente. É possível desejar um planeta que garanta terra, teto e trabalho para todos. Esse é o verdadeiro caminho da paz, e não a estratégia insensata e míope de semear medo e desconfiança perante ameaças externas. Com efeito, a paz real e duradoura é possível só "a partir de uma ética global de solidariedade e cooperação a serviço de um futuro modelado pela interdependência e a corresponsabilidade na família humana inteira".[33]

---

[33] FRANCISCO. *Discurso sobre as armas nucleares* (Nagasaki – Japão, 24 de novembro de 2019): *L'Osservatore Romano* (ed. semanal portuguesa de 3/12/2019), 9.

Capítulo IV

UM CORAÇÃO ABERTO AO MUNDO INTEIRO

128. A afirmação de que, como seres humanos, somos todos irmãos e irmãs, se não é apenas abstração, mas se materializa e se concretiza, coloca-nos uma série de desafios que nos movem, nos obrigam a assumir novas perspectivas e a produzir novas reações.

O limite das fronteiras

129. Quando o próximo é uma pessoa migrante, sobrevêm desafios complexos.[1] O ideal seria, sem dúvida, evitar migrações desnecessárias, e, para isso, o caminho é criar reais possibilidades de viver e crescer com dignidade nos países de origem, para que possam encontrar lá as condições para o próprio desenvolvimento integral. Mas, enquanto não houver sérios progressos nesse sentido, é nosso dever respeitar o direito que tem todo ser humano de encontrar um lugar em que possa não apenas satisfazer as necessidades básicas dele e

---

[1] BISPOS CATÓLICOS DO MÉXICO E DOS ESTADOS UNIDOS. Carta Pastoral *Strangers no longer: together on the journey of hope* (janeiro de 2003).

da sua família, como também realizar-se plenamente como pessoa. Os nossos esforços a favor das pessoas migrantes que chegam podem resumir-se em quatro verbos: acolher, proteger, promover e integrar. Com efeito, "não se trata de impor do alto programas assistenciais, mas de percorrer unidos um caminho por meio dessas quatro ações, para construir cidades e países que, mesmo conservando as respectivas identidades culturais e religiosas, estejam abertos às diferenças e saibam valorizá-las em nome da fraternidade humana".[2]

130. Isso implica algumas respostas indispensáveis, sobretudo em benefício daqueles que fogem de graves crises humanitárias. Por exemplo, incrementar e simplificar a concessão de vistos, adotar programas de patrocínio privado e comunitário, abrir corredores humanitários para os refugiados mais vulneráveis, oferecer um alojamento adequado e decente, garantir a segurança pessoal e o acesso aos serviços essenciais, assegurar uma adequada assistência consular, o direito de manter sempre consigo os documentos pessoais de identidade, um acesso imparcial à justiça, a possibilidade de abrir contas bancárias e a garantia do necessário para a subsistência vital, dar-lhes liberdade de movimento e a possibilidade de trabalhar, proteger os menores e assegurar-lhes o acesso regular à

---

[2] FRANCISCO. *Catequese na Audiência Geral* (3 de abril de 2019): *L'Osservatore Romano* (ed. semanal portuguesa de 9/4/2019), 3.

educação, prever programas de custódia temporária ou acolhimento, garantir a liberdade religiosa, promover sua inserção social, favorecer a reunificação familiar e preparar as comunidades locais para os processos de integração.[3]

131. Para aqueles que chegaram há bastante tempo e já fazem parte do tecido social, é importante aplicar o conceito de *cidadania*, que "se baseia na igualdade dos direitos e dos deveres, sob cuja sombra todos gozam da justiça. Por isso, é necessário empenhar-se para estabelecer nas nossas sociedades o conceito de cidadania plena e renunciar ao uso discriminatório do termo minorias, que traz consigo as sementes do isolamento e da inferioridade; isso prepara o terreno para as hostilidades e para a discórdia e subtrai as conquistas e os direitos religiosos e civis de alguns cidadãos, discriminando-os".[4]

132. Além das várias ações indispensáveis, os Estados não podem incrementar, por conta própria, soluções adequadas, "porque as consequências das opções de cada um recaem inevitavelmente sobre toda a comunidade internacional". Assim, "as respostas só

---

[3] FRANCISCO. *Mensagem para o 104º Dia Mundial do Migrante e do Refugiado* (14 de janeiro de 2018): *AAS* 109 (2017), 918-923.

[4] FRANCISCO; AL-TAYYEB, Ahmad. *Documento sobre a fraternidade humana em prol da paz mundial e da convivência comum* (Abu Dhabi, 4 de fevereiro de 2019): *L'Osservatore Romano* (ed. semanal portuguesa de 5/2/2019), 22.

poderão ser fruto de um trabalho comum",[5] gerando uma legislação (*governance*) global para as migrações. Em todo caso, há necessidade de "estabelecer projetos de médio e longo prazo que ultrapassem a resposta de emergência; deveriam ajudar realmente à integração dos migrantes nos países de acolhimento e, ao mesmo tempo, favorecer o desenvolvimento dos países de origem com políticas solidárias, mas sem condicionar as ajudas a estratégias e práticas ideologicamente alheias ou contrárias às culturas dos povos a que se destinam".[6]

Os dons recíprocos

133. A chegada de pessoas diferentes, que provêm de um contexto vital e cultural distinto, transforma-se em um dom, porque "as histórias dos migrantes são histórias também de encontro entre pessoas e entre culturas: para as comunidades e as sociedades aonde chegam são uma oportunidade de enriquecimento e desenvolvimento humano integral de todos" (ChV, n. 93). Por isso, "peço especialmente aos jovens que não caiam nas redes daqueles que querem fazê-los enfrentar outros jovens que vêm para seus países, fazendo-os ver

---

[5] FRANCISCO. *Discurso ao corpo diplomático acreditado junto da Santa Sé* (11 de janeiro de 2016): *AAS* 108 (2016), 124.

[6] Ibidem, *o. c.*, 122.

como seres perigosos e como se não tivessem a mesma dignidade inalienável de todo ser humano" (ChV, n. 94).

134. Entretanto, quando se acolhe com todo o coração a pessoa diferente, permite-se-lhe continuar a ser ela mesma, ao mesmo tempo que se lhe dá a possibilidade de um novo desenvolvimento. As várias culturas, cuja riqueza se foi criando ao longo dos séculos, devem ser salvaguardadas para que o mundo não fique mais pobre. Isso, porém, sem deixar de estimulá-las para que permitam surgir de si mesmas algo de novo no encontro com outras realidades. Não se pode ignorar o risco de acabarem vítimas de uma esclerose cultural. Para isso, "precisamos comunicar, descobrir as riquezas de cada um, valorizar aquilo que nos une e olhar as diferenças como possibilidades de crescimento no respeito por todos. Torna-se necessário um diálogo paciente e confiante, para que as pessoas, as famílias e as comunidades possam transmitir os valores da própria cultura e acolher o bem proveniente das experiências alheias".[7]

135. Retomo aqui um exemplo que dei há tempos: a cultura dos latinos é "um fermento de valores e possibilidades que pode fazer muito bem aos Estados Unidos [...]. Uma intensa imigração acaba sempre por

---

[7] FRANCISCO. *Discurso no Encontro com as autoridades e o corpo diplomático* (Sarajevo – Bósnia-Herzegovina, 6 de junho de 2015): *L'Osservatore Romano* (ed. semanal portuguesa de 11/6/2015), 3.

marcar e transformar a cultura de um lugar [...]. Na Argentina, a forte imigração italiana marcou a cultura da sociedade e, no estilo cultural de Buenos Aires, é muito visível a presença de aproximadamente 200 mil judeus. Se forem ajudados a integrar-se, os imigrantes são uma bênção, uma riqueza e um novo dom, que convida a sociedade a crescer".[8]

136. Em uma perspectiva mais ampla, eu e o Grande Imã Ahmad Al-Tayyeb lembramos que "o relacionamento entre Ocidente e Oriente é uma necessidade mútua indiscutível, que não pode ser comutada nem transcurada, para que ambos se possam enriquecer mutuamente com a civilização do outro, por meio da troca e do diálogo das culturas. O Ocidente poderia encontrar na civilização do Oriente remédios para algumas das suas doenças espirituais e religiosas causadas pelo domínio do materialismo. O Oriente, por sua vez, poderia encontrar na civilização do Ocidente tantos elementos que podem ajudá-lo a salvar-se da fragilidade, da divisão, do conflito e do declínio científico, técnico e cultural. É importante prestar atenção às diferenças religiosas, culturais e históricas que são uma componente essencial na formação da personalidade, da cultura e da civilização oriental; e é importante consolidar os direitos humanos gerais e comuns, para ajudar a garantir

---

[8] Francisco em diálogo com Reyes Alcaide, *Latinoamérica. Conversaciones con Hernán Reyes Alcaide* (Buenos Aires, 2017), 105.

uma vida digna para todos os homens no Oriente e no Ocidente, evitando o uso da política de duas medidas".[9]

O intercâmbio fecundo

137. Na realidade, a ajuda mútua entre países acaba por beneficiar a todos. Um país que progride com base no seu substrato cultural original é um tesouro para toda a humanidade. Precisamos fazer crescer a consciência de que, hoje, ou nos salvamos todos ou não se salva ninguém. A pobreza, a degradação, os sofrimentos de um lugar da terra são um silencioso terreno fértil de problemas que, finalmente, afetarão todo o planeta. Se nos preocupa o desaparecimento de algumas espécies, deveria afligir-nos o pensamento de que, em qualquer lugar, possam existir pessoas e povos que não desenvolvem o seu potencial e a sua beleza por causa da pobreza ou de outros limites estruturais. E isso acaba por nos empobrecer a todos.

138. Se isso foi sempre verdade, hoje a certeza é maior do que nunca devido à realidade de um mundo tão interconectado pela globalização. Precisamos que um ordenamento jurídico, político e econômico mundial "incremente e guie a colaboração internacional para

---

[9] FRANCISCO; AL-TAYYEB, Ahmad. *Documento sobre a fraternidade humana em prol da paz mundial e da convivência comum* (Abu Dhabi, 4 de fevereiro de 2019): *L'Osservatore Romano* (ed. semanal portuguesa de 5/2/2019), 22.

o desenvolvimento solidário de todos os povos" (CV, n. 67). Isso redundará em benefício de todo o planeta, porque "a ajuda ao desenvolvimento dos países pobres" trará "criação de riqueza para todos" (CV, n. 60). Do ponto de vista do desenvolvimento integral, isso pressupõe que se conceda "também às nações mais pobres uma voz eficaz nas decisões comuns" (CV, n. 67) e que se procure "incentivar o acesso ao mercado internacional dos países marcados pela pobreza e pelo subdesenvolvimento".[10]

Gratuidade que acolhe

139. Não quero, todavia, limitar esta abordagem a qualquer forma de utilitarismo. Sempre existe o fator da "gratuidade": a capacidade de fazer algumas coisas simplesmente porque são boas em si mesmas, sem preocupação com ganhos ou recompensas pessoais. Isso permite acolher o estrangeiro, mesmo que não traga, de imediato, benefícios palpáveis. Mas há países que pretendem receber apenas cientistas ou investidores.

140. Quem não vive a gratuidade fraterna transforma a sua existência em um comércio cheio de ansiedade: está sempre medindo aquilo que dá e o que recebe em troca. Em contrapartida, Deus dá de graça, chegando a ponto de ajudar mesmo os que não são fiéis

---

[10] CONSELHO PONTIFÍCIO JUSTIÇA E PAZ. *Compêndio da Doutrina Social da Igreja*, 447.

e "faz nascer o seu sol sobre maus e bons" (Mt 5,45). Por isso, Jesus recomenda: "Quando deres esmola, não saiba tua mão esquerda o que faz a direita, de modo que tua esmola fique em segredo" (Mt 6,3-4). Recebemos a vida de graça; não pagamos por ela. De igual modo, todos podemos dar sem esperar recompensa, fazer o bem sem pretender outro tanto da pessoa que ajudamos. É o que Jesus dizia aos seus discípulos: "De graça recebestes, de graça dai" (Mt 10,8).

141. A verdadeira qualidade dos diferentes países do mundo mede-se por essa capacidade de pensar não só como país, mas também como família humana; e isso se comprova, sobretudo, nos períodos críticos. Os nacionalismos fechados manifestam, em última análise, essa incapacidade de gratuidade, a distorcida concepção de que podem desenvolver-se à margem da ruína dos outros e que, fechando-se aos demais, estarão mais protegidos. O migrante é visto como um usurpador que nada oferece. Assim, chega-se a pensar ingenuamente que os pobres são perigosos ou inúteis, e os poderosos, generosos benfeitores. Só poderá ter futuro uma cultura sociopolítica que inclua o acolhimento gratuito.

Local e universal

142. Cabe lembrar que "entre a globalização e a localização também se gera uma tensão. É preciso prestar atenção à dimensão global para não cair em uma mesquinha cotidianidade. Ao mesmo tempo, convém não perder de vista o que é local, que nos faz caminhar com os pés na terra. As duas coisas unidas impedem de cair em algum destes dois extremos: o primeiro, que os cidadãos vivam em um universalismo abstrato e globalizante [...]; o outro extremo é que se transformem em um museu folclórico de eremitas localistas, condenados a repetir sempre as mesmas coisas, incapazes de se deixar interpelar pelo que é diverso e de apreciar a beleza que Deus espalha fora das suas fronteiras" (EG, n. 234). É preciso olhar para o global, que nos resgata da mesquinhez caseira. Quando a casa deixa de ser lar para se tornar confinamento, calabouço, resgata-nos o global, porque é como a causa final que nos atrai para a plenitude. Ao mesmo tempo, temos de assumir intimamente o local, pois tem algo que o global não possui: ser fermento, enriquecer, colocar em marcha mecanismos de subsidiariedade. Portanto, a fraternidade universal e a amizade social dentro de cada sociedade são dois polos inseparáveis e ambos essenciais. Separá-los leva a uma deformação e a uma polarização nociva.

O sabor local

143. A solução não é uma abertura que renuncie ao próprio tesouro. Tal como não há diálogo com o outro sem identidade pessoal, assim também não há abertura entre povos senão a partir do amor à terra, ao povo, aos próprios traços culturais. Não me encontro com o outro se não possuo um substrato no qual estou firme e enraizado, pois é a partir dele que posso acolher o dom do outro e oferecer-lhe algo de autêntico. Só posso acolher quem é diferente e perceber a sua contribuição original se estiver firmemente ancorado a meu povo com a sua cultura. Cada um ama e cuida, com particular responsabilidade, da sua terra e preocupa-se com o seu país, assim como deve amar e cuidar da própria casa para que não caia, ciente de que não o farão os vizinhos. O próprio bem do mundo requer que cada um proteja e ame a própria terra; caso contrário, as consequências do desastre de um país repercutir-se-ão em todo o planeta. Isso se baseia no sentido positivo do direito de propriedade: guardo e cultivo algo que possuo, a fim de que possa ser uma contribuição para o bem de todos.

144. Além disso, é um pressuposto para intercâmbios sadios e enriquecedores. A base adquirida a partir da experiência da vida transcorrida em certo lugar e em determinada cultura é o que torna uma pessoa capaz de apreender aspectos da realidade que não conseguem entender tão facilmente aqueles que não possuem tal experiência. O universal não deve ser o domínio homogêneo, uniforme e padronizado de uma única forma cultural imperante, que perderá as cores do poliedro e ficará enfadonha. É a tentação manifestada na antiga narração da Torre de Babel: a construção daquela torre que chegaria até ao céu não expressava a unidade entre vários povos capazes de se comunicar segundo a própria diversidade; antes, pelo contrário, foi uma tentativa, nascida do orgulho e da ambição humana, que visava criar uma unidade diferente da desejada por Deus no seu plano providencial para as nações (Gn 11,1-11).

145. Existe uma falsa abertura ao universal que deriva da superficialidade vazia de quem não é capaz de compreender profundamente a sua pátria ou de quem lida com um ressentimento não resolvido perante seu povo. Em todo caso, "é preciso alargar sempre o olhar para reconhecer um bem maior que trará benefícios a todos nós. Mas há que o fazer sem se evadir nem se desenraizar. É necessário mergulhar as raízes na terra fértil e na história do próprio lugar, que é um dom de Deus. Trabalha-se no pequeno, no que está próximo, mas com uma perspectiva mais ampla [...]. Não é a esfera global que aniquila, nem a parte isolada que esteriliza" (EG, n. 235). É o poliedro em que, ao mesmo tempo que cada um é respeitado no seu valor, "o todo é mais que a parte, sendo também mais do que a simples soma delas" (EG, n. 235).

O horizonte universal

146. Há narcisismos bairristas que não expressam um amor sadio pelo próprio povo e pela sua cultura.

Escondem um espírito fechado que, devido a certa insegurança e medo do outro, prefere criar muralhas defensivas para sua salvaguarda. Mas não é possível ser saudavelmente local sem uma sincera e cordial abertura ao universal, sem se deixar interpelar pelo que acontece em outras partes, sem se deixar enriquecer por outras culturas, nem se solidarizar com os dramas dos outros povos. Esse "localismo" encerra-se obsessivamente em umas poucas ideias, costumes e seguranças, revelando-se incapaz de admirar as múltiplas possibilidades e belezas que oferece o mundo inteiro, e carecendo de uma solidariedade autêntica e generosa. Desse modo, a vida local deixa de ser verdadeiramente receptiva, já não se deixa completar pelo outro; consequentemente, fica limitada nas suas possibilidades de desenvolvimento, torna-se estática e adoece. Na realidade, toda cultura saudável é, por natureza, aberta e acolhedora, pelo que "uma cultura sem valores universais não é uma verdadeira cultura".[11]

147. Temos de reconhecer que, quanto menor for a amplitude da mente e do coração de uma pessoa, tanto menos poderá interpretar a realidade circundante em que está imersa. Sem o relacionamento e o confronto com quem é diferente, torna-se difícil ter um

---

[11] SÃO JOÃO PAULO II. *Discurso aos representantes do mundo da cultura* (Buenos Aires – Argentina, 12 de abril de 1987), 4: *L'Osservatore Romano* (ed. semanal portuguesa de 10/5/1987), 8.

conhecimento claro e completo de si mesmo e de sua terra, uma vez que as outras culturas não constituem inimigos de quem seja preciso defender-se, mas reflexos distintos da riqueza inexaurível da vida humana. Ao olhar para si mesmo do ponto de vista do outro, de quem é diferente, cada um pode reconhecer melhor as peculiaridades da própria pessoa e cultura: as suas riquezas, possibilidades e limites. A experiência que se realiza em um lugar deve desenvolver-se ora "em contraste", ora "em sintonia" com as experiências de outras pessoas que vivem em contextos culturais diversos.[12]

148. Na realidade, uma sã abertura nunca ameaça a identidade, porque, ao enriquecer-se com elementos de outros lugares, uma cultura viva não faz uma cópia, nem mera repetição, mas integra as novidades segundo modalidades próprias. Isso provoca o nascimento de uma nova síntese que, em última análise, beneficia a todos, uma vez que a cultura de que provêm essas contribuições acaba por ser também enriquecida. Por isso, exortei os povos nativos a cuidarem das próprias raízes e culturas ancestrais, mas esclarecendo que não era "minha intenção propor um indigenismo completamente fechado, a-histórico, estático, que se negue a toda e qualquer forma de mestiçagem", pois "a própria identidade cultural

---

[12] SÃO JOÃO PAULO II. *Discurso aos Cardeais e à Cúria* (21 de dezembro de 1984), 4: *AAS* 76 (1984), 506.

aprofunda-se e enriquece-se no diálogo com os que são diferentes, e o modo autêntico de conservá-la não é um isolamento que empobrece" (QA, n. 37).[13] O mundo cresce e enche-se de nova beleza graças a sucessivas sínteses que se produzem entre culturas abertas, fora de qualquer imposição cultural.

149. Para estimular uma sadia relação entre o amor à pátria e uma cordial inserção na humanidade inteira, convém lembrar que a sociedade mundial não é o resultado da soma dos vários países, mas, sim, a própria comunhão que existe entre eles, a mútua inclusão que precede o aparecimento de todo grupo particular. É nesse entrelaçamento da comunhão universal que se integra cada grupo humano e aí encontra a sua beleza. Assim, cada pessoa nascida em determinado contexto sabe que pertence a uma família maior, sem a qual não é possível ter uma compreensão plena de si mesma.

150. Esta abordagem exige, em última análise, que se aceite com alegria que nenhum povo, nenhuma cultura, nenhum indivíduo podem obter tudo de si mesmo. Os outros são, constitutivamente, necessários para a construção de uma vida plena. A consciência do limite ou da exiguidade, longe de ser uma ameaça, torna-se a chave segundo a qual sonhar e elaborar um projeto

---

[13] FRANCISCO. Exortação Apostólica Pós-Sinodal *Querida Amazônia*. (Voz do Papa, 209). São Paulo: Paulinas, 2020.

comum. Com efeito, "o homem é o ser fronteiriço que não tem qualquer fronteira".[14]

A partir da própria região

151. Graças ao intercâmbio regional, a partir do qual os países mais frágeis se abrem ao mundo inteiro, é possível fazer com que as particularidades não se diluam na universalidade. Uma adequada e autêntica abertura ao mundo pressupõe a capacidade de se abrir ao vizinho, em uma família de nações. A integração cultural, econômica e política com os povos vizinhos deve ser acompanhada por um processo educativo que promova o valor do amor ao próximo, primeiro exercício indispensável para se conseguir uma sadia integração universal.

152. Em alguns bairros populares, vive-se ainda o espírito de "vizinhança", segundo o qual cada um sente espontaneamente o dever de acompanhar e ajudar o vizinho. Nos lugares que conservam tais valores comunitários, as relações de proximidade são marcadas pela gratuidade, solidariedade e reciprocidade, partindo do sentido de um "nós" do bairro.[15] Oxalá fosse possível

---

[14] SIMMEL, Georg. *Brücke und Tür. Essays des Philosophen zur Geschichte, Religion, Kunst und Gesellschaft* (Estugarda, 1957), 6.

[15] HOYOS-VÁSQUEZ, Jaime. "Lógica de las relaciones sociales. Reflexión onto-lógica", in *Revista Universitas Philosophica* 15-16 (dezembro de 1990 a junho de 1991), Bogotá, 95-106.

viver isso também entre países vizinhos, com a capacidade de construir uma vizinhança cordial entre os seus povos. Mas as visões individualistas traduzem-se nas relações entre países. O risco de viver protegendo-nos uns dos outros, vendo os outros como concorrentes ou inimigos perigosos, é transferido para o relacionamento com os povos da região. Talvez tenhamos sido educados nesse medo e nessa desconfiança.

153. Existem países poderosos e empresas grandes que lucram com esse isolamento e preferem negociar com cada país separadamente. Entretanto, para os países pequenos ou pobres, abre-se a possibilidade de alcançar acordos regionais com os seus vizinhos, que lhes permitam negociar em bloco, evitando tornarem-se segmentos marginais e dependentes das grandes potências. Hoje, nenhum Estado nacional isolado é capaz de garantir o bem comum da própria população.

Capítulo V

A MELHOR POLÍTICA

154. Para tornar possível o desenvolvimento de uma comunidade mundial capaz de realizar a fraternidade a partir de povos e nações que vivam a amizade social, é necessária a melhor política, a política colocada a serviço do verdadeiro bem comum. Mas hoje, infelizmente, muitas vezes, a política assume formas que dificultam o caminho para um mundo diferente.

Populismos e liberalismos

155. O desprezo pelos vulneráveis pode esconder-se em formas populistas que, demagogicamente, se servem deles para seus fins, ou em formas liberais a serviço dos interesses econômicos dos poderosos. Em ambos os casos, é palpável a dificuldade de pensar em um mundo aberto, onde haja lugar para todos, que inclua os mais frágeis e respeite as diferentes culturas.

Popular ou populista

156. Nos últimos anos, os termos "populismo" e "populista" invadiram os meios de comunicação e a linguagem em geral, perdendo, assim, o valor que poderiam conter para compor uma das polaridades da sociedade dividida. Chegou-se a ponto de pretender classificar os indivíduos, os grupos, as sociedades e os governos a partir da divisão binária "populista" ou "não populista". Já não é possível que alguém manifeste a sua opinião sobre um tema qualquer sem tentarem classificá-lo em um desses dois polos: umas vezes para desacreditá-lo injustamente, outras para exaltá-lo desmedidamente.

157. Mas a pretensão de introduzir o populismo como chave de leitura da realidade social contém outro ponto fraco: ignora a legitimidade da noção de povo. A tentativa de fazer desaparecer da linguagem essa categoria poderia levar à eliminação da própria palavra "democracia", cujo significado é precisamente "governo do povo". Contudo, para afirmar que a sociedade é mais do que a mera soma de indivíduos, necessita-se do termo "povo". A verdade é que há fenômenos sociais que estruturam as maiorias, existem megatendências e aspirações comunitárias; além disso, pode-se pensar em objetivos comuns, independentemente das diferenças, para implementar juntos um projeto compartilhado; enfim, é muito difícil projetar algo grande a longo prazo, se não se consegue torná-lo um sonho coletivo. Tudo isso está expresso no substantivo "povo" e no adjetivo "popular". Se não fossem incluídos na linguagem – juntamente com uma sólida crítica da demagogia –, ter-se-ia renunciado a um aspecto fundamental da realidade social.

158. Subjacente, encontra-se um mal-entendido. "Povo não é uma categoria lógica, nem uma categoria mística, no sentido de que tudo o que faz o povo é bom, ou no sentido de que o povo seja uma entidade angelical. É uma categoria mítica [...]. Quando explicas o que é um povo, recorres a categorias lógicas, porque precisas descrevê-lo: é verdade, elas são necessárias. Mas, desse modo, não consegues explicar o sentido de pertença a um povo; a palavra 'povo' tem algo mais que não se pode explicar logicamente. Pertencer a um povo é fazer parte de uma identidade comum, formada por vínculos sociais e culturais. E isso não é algo automático; muito pelo contrário: é um processo lento e difícil, rumo a um projeto comum".[1]

159. Existem líderes populares, capazes de interpretar o sentir de um povo, sua dinâmica cultural e as grandes tendências de uma sociedade. O serviço que prestam, congregando e guiando, pode ser a base para um projeto duradouro de transformação e crescimento, que implica também a capacidade de ceder o lugar a

---

[1] SPADARO SJ, Antonio. "Le orme di un pastore. Una conversazione con Papa Francesco". In: BERGOGLIO, Jorge Mario; FRANCISCO. *Nei tuoi occhi è la mia parola. Omelie e discorsi di Buenos Aires 1999-2013* (Milão, 2016), XVI; cf. EG, n. 220-221.

outros na busca do bem comum. Mas degenera em um populismo insano, quando se transforma na habilidade de alguém de atrair consensos a fim de instrumentalizar politicamente a cultura do povo, sob qualquer sinal ideológico, a serviço do seu projeto pessoal e da sua permanência no poder. Outras vezes, procura aumentar a popularidade fomentando as inclinações mais baixas e egoístas de alguns setores da população. E o caso agrava-se quando se pretende, com formas rudes ou sutis, o servilismo das instituições e da legalidade.

160. Os grupos populistas fechados deformam a palavra "povo", porque aquilo de que falam não é um verdadeiro povo. De fato, a categoria "povo" é aberta. Um povo vivo, dinâmico e com futuro é aquele que permanece constantemente aberto a novas sínteses, assumindo em si o que é diverso. E se faz isso não negando a si mesmo, mas com a disposição de se deixar mover, interpelar, crescer, enriquecer por outros; e, assim, pode evoluir.

161. Outra expressão degenerada de uma autoridade popular é a busca do interesse imediato. Responde-se a exigências populares com o fim de garantir os votos ou o apoio do povo, mas sem avançar em uma tarefa árdua e constante que proporcione às pessoas os recursos para seu desenvolvimento, de modo que possam sustentar a vida com seu esforço e criatividade. Nesse sentido, deixei claro: "Longe de mim propor um populismo irresponsável" (EG, n. 204). Por um lado, a superação da desigualdade requer que se desenvolva a economia, fazendo frutificar as potencialidades de cada região e assegurando, assim, uma equidade sustentável (EG, n. 204); por outro, "os planos de assistência, que acorrem a determinadas emergências, deveriam considerar-se apenas como respostas provisórias" (EG, n. 202).

162. A grande questão é o trabalho. Ser verdadeiramente popular – porque promove o bem do povo – é garantir a todos a possibilidade de fazer germinar as sementes que Deus colocou em cada um, suas capacidades, sua iniciativa, suas forças. Essa é a melhor ajuda para um pobre, o melhor caminho para uma existência digna. Por isso, insisto que "ajudar os pobres com o dinheiro deve ser sempre um remédio provisório para enfrentar emergências. O verdadeiro objetivo deveria ser sempre consentir-lhes uma vida digna através do trabalho" (LS, n. 128). Por mais que mudem os sistemas de produção, a política não pode renunciar ao objetivo de conseguir que a organização de uma sociedade assegure a cada pessoa uma maneira de contribuir com as suas capacidades e o seu esforço. Com efeito, "não há pobreza pior do que aquela que priva do trabalho e da dignidade do trabalho".[2] Em uma sociedade realmente

---

[2] FRANCISCO. *Discurso ao corpo diplomático acreditado junto da Santa Sé* (12 de janeiro de 2015): *AAS* 107 (2015), 165; cf. FRANCISCO. *Discurso do Papa Francisco aos participantes no Encontro Mundial dos Movimentos Populares*. Brasília: Edições CNBB, 2015. Coleção Sendas, volume 1.

desenvolvida, o trabalho é uma dimensão essencial da vida social, porque não é só um modo de ganhar o pão, mas também um meio para o crescimento pessoal, para estabelecer relações sadias, expressar a si mesmo, partilhar dons, sentir-se corresponsável no desenvolvimento do mundo e, finalmente, viver como povo.

Valores e limites das visões liberais

163. A categoria de povo, que inclui intrinsecamente uma avaliação positiva dos vínculos comunitários e culturais, habitualmente é rejeitada pelas visões liberais individualistas, que consideram a sociedade como mera soma de interesses que coexistem. Falam de respeito pelas liberdades, mas sem a raiz de uma narrativa comum. Em certos contextos, é frequente acusar como populistas aqueles que defendem os direitos dos mais frágeis da sociedade. Para as referidas visões, a categoria de povo é uma mitificação de algo que não existe na realidade. Aqui, porém, cria-se uma polarização desnecessária, pois nem a ideia de povo nem a de próximo são categorias puramente míticas ou românticas que excluam ou desprezem a organização social, a ciência e as instituições da sociedade civil.[3]

164. A caridade reúne as duas dimensões – a mítica e a institucional –, pois implica um caminho

---

[3] Algo parecido podemos dizer da categoria bíblica "Reino de Deus".

eficaz de transformação da história que exige incorporar tudo: instituições, direito, técnica, experiência, contribuições profissionais, análise científica, procedimentos administrativos... Porque, "de fato, não há vida privada, se não for protegida por uma ordem pública; um lar acolhedor doméstico não tem intimidade se não estiver sob a tutela da legalidade, de um estado de tranquilidade fundado na lei e na força e com a condição de um mínimo de bem-estar garantido pela divisão do trabalho, pelas trocas comerciais, pela justiça social e pela cidadania política".[4]

165. A verdadeira caridade é capaz de incluir tudo isso na sua dedicação, e, caso pretenda se expressar no encontro pessoal, também consegue chegar a uma irmã, a um irmão distante e até desconhecido, por meio dos vários recursos que as instituições de uma sociedade organizada, livre e criativa são capazes de gerar. Se voltarmos ao caso do bom samaritano, vemos que até ele precisou da existência de uma estalagem que lhe permitisse resolver o que não estava em condições de garantir sozinho, naquele momento. O amor ao próximo é realista e não desperdiça nada que seja necessário para uma transformação da história que beneficie os últimos. Às vezes, deparamo-nos com ideologias de esquerda ou pensamentos sociais cultivando hábitos individualistas e

---

[4] Paul Ricoeur, "Le socius et le prochain", in: RICOEUR, Paul. *Histoire et vérité* (Paris, 1967), 122.

procedimentos ineficazes, porque beneficiam a poucos; entretanto, a multidão dos abandonados fica à mercê da possível boa vontade de alguns. Isso demonstra que é necessário fazer crescer não só uma espiritualidade da fraternidade como também, e ao mesmo tempo, uma organização mundial mais eficiente para ajudar a resolver os problemas prementes dos abandonados que sofrem e morrem nos países pobres. Naturalmente isso implica que não exista apenas uma possível via de saída, uma única metodologia aceitável, uma receita econômica aplicável igualmente por todos, e pressupõe que mesmo a ciência mais rigorosa possa propor caminhos diferentes.

166. A consistência de tudo isso poderá ser bem pouca, se perdermos a capacidade de reconhecer a necessidade de uma mudança nos corações humanos, nos hábitos e estilos de vida. É o que acontece quando a propaganda política, os meios e os criadores de opinião pública persistem em fomentar uma cultura individualista e ingênua diante de interesses econômicos desenfreados e da organização das sociedades a serviço daqueles que já têm demasiado poder. Por isso, minha crítica ao paradigma tecnocrático não significa que, só procurando controlar os seus excessos, é que poderemos estar seguros, já que o perigo maior não está nas coisas, nas realidades materiais, nas organizações, mas no modo como as pessoas se servem delas. A questão é a fragilidade humana, a tendência humana constante para o egoísmo, que faz parte daquilo que a tradição cristã chama "concupiscência": a inclinação do ser humano a fechar-se na imanência do próprio eu, do seu grupo, dos seus interesses mesquinhos. Essa concupiscência não é um defeito do nosso tempo; existe desde que o homem é homem, limitando-se simplesmente a transformar-se, a adquirir modalidades diferentes no decorrer dos séculos, utilizando os instrumentos que o momento histórico coloca à sua disposição. Mas é possível dominá-la com a ajuda de Deus.

167. A tarefa educativa, o desenvolvimento de hábitos solidários, a capacidade de pensar a vida humana de forma mais integral, a profundidade espiritual são realidades necessárias para dar qualidade às relações humanas, de tal modo que seja a própria sociedade a reagir ante as próprias injustiças, as aberrações, os abusos dos poderes econômicos, tecnológicos, políticos e midiáticos. Há visões liberais que ignoram esse fator da fragilidade humana e imaginam um mundo que corresponda a determinada ordem que poderia, por si só, assegurar o futuro e a solução de todos os problemas.

168. O mercado, *per se*, não resolve tudo, embora às vezes nos queiram fazer crer nesse dogma de fé neoliberal. Trata-se de um pensamento pobre, repetitivo, que propõe sempre as mesmas receitas perante qualquer desafio que surja. O neoliberalismo reproduz-se sempre igual a si mesmo, recorrendo à mágica teoria do "derrame" ou do "gotejamento" – sem nomeá-la – como única via para resolver os problemas sociais. Não se dá conta de que a suposta redistribuição não resolve a desigualdade, sendo, esta, fonte de novas formas de violência que ameaçam o tecido social. Por um lado, é indispensável uma política econômica ativa, visando "promover uma economia que favoreça a diversificação produtiva e a criatividade empresarial" (LS, n. 129), para ser possível aumentar os postos de trabalho em vez de reduzi-los. A especulação financeira, tendo a ganância de lucro fácil como objetivo fundamental, continua a fazer estragos. Por outro lado, "sem formas internas de solidariedade e de confiança mútua, o mercado não pode cumprir plenamente a própria função econômica. E, hoje, foi precisamente essa confiança que veio a faltar" (CV, n. 35). O fim da história não foi como previsto, tendo as receitas dogmáticas da teoria econômica imperante demonstrado que elas mesmas não são infalíveis. A fragilidade dos sistemas mundiais perante a pandemia evidenciou que nem tudo se resolve com a liberdade de mercado e que, além de reabilitar uma política saudável que não esteja sujeita aos ditames das finanças, "devemos voltar a pôr a dignidade humana no centro e sobre aquele pilar devem ser construídas as estruturas sociais alternativas das quais precisamos".[5]

---

[5] FRANCISCO. *Discurso do Papa Francisco aos participantes no Encontro Mundial dos Movimentos Populares*. Brasília: Edições CNBB, 2015, p. 16. Coleção Sendas, volume 1.

169. Em determinadas visões econômicas fechadas e monocromáticas, parece que não têm lugar, por exemplo, os Movimentos Populares que reúnem desempregados, trabalhadores precários e informais, e tantos outros que não entram facilmente nos canais já estabelecidos. Na realidade, criam variadas formas de economia popular e de produção comunitária. É necessário pensar a participação social, política e econômica segundo modalidades tais "que incluam os movimentos populares e animem as estruturas de governo locais, nacionais e internacionais com aquela torrente de energia moral que nasce da integração dos excluídos na construção do destino comum" e, por sua vez, incentivar para que "estes movimentos, estas experiências de solidariedade que crescem de baixo, do subsolo do planeta, confluam, sejam mais coordenados, se encontrem".[6] Mas fazê-lo sem trair o seu estilo característico, porque são "semeadores de mudança, promotores de um processo para o qual convergem milhões de pequenas e grandes ações interligadas de modo criativo, como em uma poesia".[7] Nesse sentido, são "poetas sociais" que, à sua maneira, trabalham, propõem, promovem e libertam. Com eles, será possível um desenvolvimento humano integral, que implique superar "a ideia das

---

[6] Idem.

[7] FRANCISCO. *Discurso do Papa Francisco aos participantes do III Encontro Mundial dos Movimentos Populares*. Brasília: Edições CNBB, 2016, p. 6. Coleção Sendas, volume 8.

políticas sociais concebidas como uma política *para* os pobres, mas nunca *com* os pobres, nunca *dos* pobres, e muito menos inserida em um projeto que reúna os povos".[8] Embora incomodem e mesmo que alguns "pensadores" não saibam como classificá-los, é preciso ter coragem de reconhecer que, sem eles, "a democracia atrofia-se, torna-se um nominalismo, uma formalidade, perde representatividade, vai-se desencarnando, porque deixa fora o povo em sua luta diária pela dignidade, na construção de seu destino".[9]

O poder internacional

170. Deixai-me repetir aqui que "a crise financeira dos anos 2007 e 2008 era a ocasião para o desenvolvimento de uma nova economia mais atenta aos princípios éticos e para uma nova regulamentação da atividade financeira especulativa e da riqueza virtual. Mas não houve uma reação que fizesse repensar os critérios obsoletos que continuam a governar o mundo" (LS, n. 189). Antes, pelo contrário, parece que as reais estratégias, posteriormente desenvolvidas no mundo, se têm orientado para maior individualismo, menor integração, maior liberdade para os que são verdadeiramente poderosos e sempre encontram maneira de escapar ilesos.

---

[8] Ibidem, p. 12.

[9] Idem.

171. Gostaria de insistir no fato de que "dar a cada um o que lhe é devido, segundo a definição clássica de justiça, significa que nenhum indivíduo ou grupo humano pode-se considerar onipotente, autorizado a pisar a dignidade e os direitos dos outros indivíduos ou dos grupos sociais. A efetiva distribuição do poder, sobretudo político, econômico, militar e tecnológico, entre uma pluralidade de sujeitos e a criação de um sistema jurídico de regulação das reivindicações e dos interesses, realiza a limitação do poder. Mas, hoje, o panorama mundial apresenta-nos muitos direitos falsos e, ao mesmo tempo, amplos setores sem proteção, vítimas, inclusive, de um mau exercício do poder".[10]

172. O século XXI "assiste a uma perda de poder dos Estados nacionais, sobretudo porque a dimensão econômico-financeira, de caráter transnacional, tende a prevalecer sobre a política. Nesse contexto, torna-se indispensável a maturação de instituições internacionais mais fortes e eficazmente organizadas, com autoridades designadas de maneira imparcial, por meio de acordos entre os governos nacionais e dotadas de poder de sancionar" (LS, n. 175). Quando se fala de uma possível forma de autoridade mundial regulada pelo direito (CV, n. 67), não se deve necessariamente pensar em uma autoridade pessoal. Mas deveria prever

---

[10] FRANCISCO. *Discurso à Organização das Nações Unidas* (Nova Iorque – Estados Unidos da América, 25 de setembro de 2015): *AAS* 107 (2015), 1037.

pelo menos a criação de organizações mundiais mais eficazes, dotadas de autoridade para assegurar o bem comum mundial, a erradicação da fome e da miséria e a justa defesa dos direitos humanos fundamentais.

173. Nesse sentido, lembro que é necessária uma reforma "quer da Organização das Nações Unidas, quer da arquitetura econômica e financeira internacional, para que seja possível uma real concretização do conceito de família de nações" (CV, n. 67). Isso pressupõe, sem dúvida, limites jurídicos precisos para evitar que seja uma autoridade cooptada por poucos países e, ao mesmo tempo, para impedir imposições culturais ou a redução das liberdades básicas das nações mais frágeis por causa de diferenças ideológicas. Na verdade, "a comunidade internacional é uma comunidade jurídica fundada sobre a soberania de cada Estado-membro, sem vínculos de subordinação que neguem ou limitem a cada qual sua independência".[11] Com efeito, "a tarefa das Nações Unidas, com base nos postulados do Preâmbulo e dos primeiros artigos de sua Carta constitucional, pode ser vista como o desenvolvimento e a promoção da soberania do direito, sabendo que a justiça é um requisito indispensável para se realizar o ideal da fraternidade universal [...]. É preciso garantir o

---

[11] CONSELHO PONTIFÍCIO JUSTIÇA E PAZ. *Compêndio da Doutrina Social da Igreja*, 434.

domínio incontrastável do direito e o recurso incansável às negociações, aos mediadores e à arbitragem, como é proposto pela *Carta das Nações Unidas*, verdadeira norma jurídica fundamental".[12] É necessário evitar que essa Organização seja deslegitimada, pois seus problemas ou deficiências podem ser enfrentados e resolvidos em conjunto.

174. Requer-se coragem e generosidade para estabelecer livremente certos objetivos comuns e assegurar o cumprimento em todo o mundo de algumas normas essenciais. Para que isso seja verdadeiramente útil, deve-se apoiar "a exigência de fazer fé nos compromissos subscritos (*pacta sunt servanda*)",[13] a fim de evitar "a tentação de apelar mais ao direito da força que à força do direito".[14] Nessa perspectiva, "os instrumentos normativos para a solução pacífica das controvérsias devem ser repensados de tal modo que lhes sejam reforçados o alcance e a obrigatoriedade".[15] Dentre esses instrumentos normativos, é preciso favorecer os

---

[12] FRANCISCO. *Discurso à Organização das Nações Unidas* (Nova Iorque – Estados Unidos da América, 25 de setembro de 2015): *AAS* 107 (2015), 1037 e 1041.

[13] CONSELHO PONTIFÍCIO JUSTIÇA E PAZ. *Compêndio da Doutrina Social da Igreja*, 437.

[14] SÃO JOÃO PAULO II. *Mensagem para o 37º Dia Mundial da Paz de 2004* (8 de dezembro de 2003), 5: *AAS* 96 (2004), 117.

[15] CONSELHO PONTIFÍCIO JUSTIÇA E PAZ. *Compêndio da Doutrina Social da Igreja*, 439.

acordos multilaterais entre os Estados, porque garantem melhor do que os acordos bilaterais o cuidado de um bem comum realmente universal e a tutela dos Estados mais vulneráveis.

175. Graças a Deus, muitos grupos e organizações da sociedade civil ajudam a compensar as debilidades da Comunidade Internacional, a sua falta de coordenação em situações complexas, a sua carência de atenção relativamente a direitos humanos fundamentais e a situações muito críticas de alguns grupos. Assim, adquire uma expressão concreta o princípio da subsidiariedade, que garante a participação e a ação das comunidades e organizações de menor nível, que integram de modo complementar a ação do Estado. Muitas vezes, realizam esforços admiráveis com o pensamento no bem comum, e alguns dos seus membros chegam a cumprir gestos verdadeiramente heroicos que mostram de quanta bondade ainda é capaz a nossa humanidade.

Uma caridade social e política

176. Atualmente muitos possuem uma noção ruim da política, e não se pode ignorar que frequentemente, por trás desse fato, estão os erros, a corrupção e a ineficiência de alguns políticos. A isso se juntam as estratégias que visam enfraquecê-la, substituí-la pela economia ou dominá-la por alguma ideologia. Contudo, poderá o mundo funcionar sem política? Poderá encontrar um caminho eficaz para a fraternidade universal e a paz social sem uma boa política?[16]

A política necessária

177. Gostaria de insistir que "a política não deve submeter-se à economia, e esta não deve submeter-se aos ditames e ao paradigma eficientista da tecnocracia" (LS, n. 189). Embora se deva rejeitar o mau uso do poder, a corrupção, a falta de respeito às leis e a ineficiência, "não se pode justificar uma economia sem política, porque seria incapaz de promover outra lógica para governar os vários aspectos da crise atual" (LS, n. 196). Pelo contrário, "precisamos de uma política que pense com visão ampla e leve adiante uma reformulação integral, abrangendo em um diálogo interdisciplinar os vários aspectos da crise" (LS, n. 197). Penso em uma "política salutar, capaz de reformar as instituições, coordená-las e dotá-las de bons procedimentos, que permitam superar pressões e inércias viciosas" (LS, n. 181). Não se pode pedir isso à economia, nem aceitar que ela assuma o poder real do Estado.

178. Perante tantas formas de política mesquinhas e fixadas no interesse imediato, lembro que "a grandeza

---

[16] CONFERÊNCIA DOS BISPOS DE FRANÇA (Comissão Social). Declaração *Réhabiliter la politique* (17 de fevereiro de 1999).

política mostra-se quando, em momentos difíceis, se trabalha com base em grandes princípios e pensando no bem comum a longo prazo. O poder político tem muita dificuldade em assumir este dever em um projeto de nação" (LS, n. 178) e, mais ainda, em um projeto comum para a humanidade presente e futura. Pensar nos que hão de vir não tem utilidade para fins eleitorais, mas é o que exige uma justiça autêntica, porque, como ensinaram os bispos de Portugal, a terra "é um empréstimo que cada geração recebe e deve transmitir à geração seguinte".[17]

179. A sociedade mundial tem graves carências estruturais que não se resolvem com remendos ou soluções rápidas meramente ocasionais. Há coisas que devem ser mudadas com reajustamentos profundos e transformações importantes. Só uma política sã poderia conduzir o processo, envolvendo os mais diversos setores e os conhecimentos mais variados. Dessa forma, uma economia integrada em um projeto político, social, cultural e popular que vise ao bem comum pode "abrir caminho a oportunidades diferentes, que não implica frear a criatividade humana nem o seu sonho de progresso, mas orientar essa energia por novos canais" (LS, n. 191).

---

[17] CONFERÊNCIA EPISCOPAL PORTUGUESA. Carta Pastoral *Responsabilidade solidária pelo bem comum* (15 de setembro de 2003), 20; LS, n. 159.

O amor político

180. Reconhecer todo ser humano como um irmão ou uma irmã e procurar uma amizade social que integre a todos, não são meras utopias. Exigem a decisão e a capacidade de encontrar os percursos eficazes que assegurem sua real possibilidade. Todo e qualquer esforço nesse sentido torna-se um nobre exercício da caridade. Com efeito, um indivíduo pode ajudar uma pessoa necessitada, mas, quando se une a outros para gerar processos sociais de fraternidade e justiça para todos, entra no "campo da caridade mais ampla, a caridade política".[18] Trata-se de avançar para uma ordem social e política, cuja alma seja a caridade social (QAn, n. 88).[19] Convido uma vez mais a revalorizar a política, que "é uma sublime vocação, é uma das formas mais preciosas de caridade, porque busca o bem comum" (EG, n. 205).

181. Todos os compromissos decorrentes da Doutrina Social da Igreja "derivam da caridade que é – como ensinou Jesus – a síntese de toda a Lei (cf. Mt 22,36-40)" (CV, n. 2). Isso exige reconhecer que "o amor, cheio de pequenos gestos de cuidado mútuo, é também civil e político, manifestando-se em todas as

---

[18] PIO XI. *Discurso à Federação Universitária Católica Italiana* (18 de dezembro de 1927): *L'Osservatore Romano* (23/12/1927), 3.

[19] PIO XI. Carta Encíclica *Quadragesimo Anno*: sobre a restauração e o aperfeiçoamento da ordem social em conformidade com a lei evangélica, 15 de maio de 1931.

ações que procuram construir um mundo melhor" (LS, n. 231). Por esse motivo, o amor expressa-se não só nas relações íntimas e próximas, mas também nas "macrorrelações como relacionamentos sociais, econômicos e políticos" (CV, n. 2).

182. Essa caridade política supõe ter maturado um sentido social que supere toda mentalidade individualista: "A caridade social leva-nos a amar o bem comum e a buscar efetivamente o bem de todas as pessoas, consideradas não só individualmente como também na dimensão social que as une".[20] Cada um é plenamente pessoa quando pertence a um povo e, vice-versa, não há um verdadeiro povo sem referência ao rosto de cada pessoa. Povo e pessoa são termos correlativos. Contudo, hoje, pretende-se reduzir as pessoas a indivíduos facilmente manipuláveis por poderes que visam a interesses ilegítimos. A boa política procura caminhos de construção de comunidade nos diferentes níveis da vida social, a fim de reequilibrar e reordenar a globalização para evitar seus efeitos desagregadores.

Amor eficaz

183. A partir do "amor social" (RH, n. 15),[21] é possível avançar para uma civilização do amor a que

---

[20] CONSELHO PONTIFÍCIO JUSTIÇA E PAZ. *Compêndio da Doutrina Social da Igreja*, 207.

[21] SÃO JOÃO PAULO II. Carta Encíclica *Redemptor Hominis*, no início do ministério pontifical, 4 de março de 1979.

todos podem sentir-se chamados. Com seu dinamismo universal, a caridade pode construir um mundo novo (PP, n. 44), porque não é um sentimento estéril, mas o melhor modo de alcançar vias eficazes de desenvolvimento para todos. O amor social é uma "força capaz de suscitar novas vias para enfrentar os problemas do mundo de hoje e renovar profundamente, a partir do interior, as estruturas, organizações sociais, ordenamentos jurídicos".[22]

184. A caridade está no centro de toda vida social sadia e aberta. Todavia, hoje, "não é difícil ouvir declarar a sua irrelevância para interpretar e orientar as responsabilidades morais" (CV, n. 2). Ela é muito mais do que um sentimentalismo subjetivo, quando, naturalmente, aparece unida ao compromisso com a verdade, para que não acabe "prisioneira das emoções e opiniões contingentes dos indivíduos" (CV, n. 3). É precisamente a relação da caridade com a verdade que favorece o seu universalismo, evitando, assim, que ela acabe "confinada em um âmbito restrito e carente de relações" (CV, n. 4). Caso contrário, será "excluída dos projetos e processos de construção de um desenvolvimento humano de alcance universal, no diálogo entre o saber e a realização prática" (CV, n. 4). Privada da verdade, a emotividade fica sem conteúdos relacionais e

---

[22] CONSELHO PONTIFÍCIO JUSTIÇA E PAZ. *Compêndio da Doutrina Social da Igreja*, 207.

sociais. Por isso, a abertura à verdade protege a caridade de uma fé falsa, que a priva de "amplitude humana e universal" (CV, n. 3).

185. A caridade precisa da luz da verdade, que buscamos constantemente, e "esta luz é simultaneamente a luz da razão e a da fé" (CV, n. 3), sem relativismos. Isso supõe também o desenvolvimento das ciências e a sua contribuição insubstituível para encontrar os percursos concretos e mais seguros, a fim de alcançar os resultados esperados. Com efeito, quando está em jogo o bem dos outros, não bastam as boas intenções, mas é preciso conseguir efetivamente aquilo de que eles e seus países necessitam para se realizar.

A atividade do amor político

186. Existe o chamado amor "elícito", que expressa os atos que brotam diretamente da virtude da caridade, dirigidos a pessoas e povos. Mas há também um amor "imperado", que traduz os atos de caridade que nos impelem a criar instituições mais sadias, regulamentos mais justos, estruturas mais solidárias.[23] Por

---

[23] A doutrina moral católica, na esteira do ensinamento de Santo Tomás de Aquino, prevê essa distinção entre ato "elícito" e ato "imperado" (*Summa theologiae*, I-II, q. 8-17; cf. ZALBA, Marcellino, SJ. *Theologiae moralis summa. Theologia moralis fundamentalis. Tractatus de virtutibus theologicis*, I. Madrid, 1952, 69; MARÍN, Antonio Royo, OP. *Teología de la Perfección Cristiana*. Madrid, 1962, 192-196).

isso, é "um ato de caridade, igualmente indispensável, o empenho com o objetivo de organizar e estruturar a sociedade de modo que o próximo não venha a se encontrar na miséria".[24] É caridade acompanhar uma pessoa que sofre, mas é caridade também tudo o que se realiza – mesmo sem ter contato direto com essa pessoa – para modificar as condições sociais que provocam o seu sofrimento. Alguém ajuda um idoso a atravessar um rio, e isso é caridade primorosa; mas se o político lhe constrói uma ponte, isso também é caridade. É caridade se alguém ajuda outra pessoa fornecendo-lhe comida, mas se o político lhe cria um emprego, exerce uma forma sublime de caridade, que enobrece a sua ação política.

Os sacrifícios do amor

187. Essa caridade, coração do espírito da política, é sempre um amor preferencial pelos menos favorecidos, que subjaz a todas as ações realizadas em seu favor (SRS, n. 42; cf. CA, n. 11). Só com um olhar cujo horizonte esteja transformado pela caridade, levando à percepção da dignidade do outro, é que os pobres são reconhecidos e apreciados na sua dignidade imensa, respeitados no seu estilo próprio e cultura

---

[24] CONSELHO PONTIFÍCIO JUSTIÇA E PAZ. *Compêndio da Doutrina Social da Igreja*, 208.

e, por conseguinte, verdadeiramente integrados na sociedade. Tal olhar é o núcleo do autêntico espírito da política. Os caminhos que se abrem a partir dele são diferentes dos caminhos de um pragmatismo sem alma. Por exemplo, "não se pode enfrentar o escândalo da pobreza promovendo estratégias de contenção que só tranquilizam e transformam os pobres em seres domesticados e inofensivos. Como é triste ver que, por trás de presumíveis obras altruístas, o outro é reduzido à passividade".[25] O necessário é haver distintos canais de expressão e participação social. A educação está a serviço desse caminho, para que cada ser humano possa ser artífice do seu destino. Demonstra aqui o seu valor o princípio da *subsidiariedade*, inseparável do princípio da *solidariedade*.

188. Isso demonstra a urgência de encontrar uma solução para tudo o que atenta contra os direitos humanos fundamentais. Os políticos são chamados a "cuidar da fragilidade, da fragilidade dos povos e das pessoas. Cuidar da fragilidade quer dizer força e ternura, luta e fecundidade, no meio de um modelo funcionalista e individualista que conduz inexoravelmente à 'cultura do descarte' [...]; significa assumir o presente na sua situação mais marginal e angustiante e ser capaz de

---

[25] FRANCISCO. *Discurso do Papa Francisco aos participantes no Encontro Mundial dos Movimentos Populares*. Brasília: Edições CNBB, 2015, p. 7. Coleção Sendas, volume 1.

ungi-lo de dignidade".[26] Embora acarrete certamente imenso trabalho, "que tudo se faça para tutelar a condição e a dignidade da pessoa humana!".[27] O político é operoso, é um construtor com grandes objetivos, com olhar amplo, realista e pragmático, inclusive para além do próprio país. As maiores preocupações de um político não deveriam ser as causadas por uma queda nas pesquisas, mas por não encontrar uma solução eficaz para "o fenômeno da exclusão social e econômica, com suas tristes consequências de tráfico de seres humanos, tráfico de órgãos e tecidos humanos, exploração sexual de meninos e meninas, trabalho escravo, incluindo a prostituição, tráfico de drogas e de armas, terrorismo e criminalidade internacional organizada. Tal é a magnitude dessas situações e o número de vidas inocentes envolvidas que devemos evitar qualquer tentação de cair em um nominalismo declamatório com efeito tranquilizador sobre as consciências. Devemos ter cuidado com as nossas instituições para que sejam realmente eficazes na luta contra esses flagelos".[28] Consegue-se isso explorando de forma inteligente os grandes recursos do desenvolvimento tecnológico.

---

[26] FRANCISCO. *Discurso no Parlamento Europeu* (Estrasburgo – França, 25 de novembro de 2014): *AAS* 106 (2014), 999.

[27] FRANCISCO. *Discurso no encontro com as autoridades e o corpo diplomático* (Bangui – República Centro-Africana, 29 de novembro de 2015): *AAS* 107 (2015), 1320.

[28] FRANCISCO. *Discurso à Organização das Nações Unidas* (Nova Iorque – Estados Unidos da América, 25 de setembro de 2015): *AAS* 107 (2015), 1039.

189. Ainda estamos longe de uma globalização dos direitos humanos mais essenciais. Por isso, a política mundial não pode deixar de colocar entre seus objetivos principais e irrenunciáveis o de eliminar efetivamente a fome. Com efeito, "quando a especulação financeira condiciona o preço dos alimentos, tratando-os como uma mercadoria qualquer, milhões de pessoas sofrem e morrem de fome. Por outro lado, descartam-se toneladas de alimentos. Isso constitui um verdadeiro escândalo. A fome é criminosa, a alimentação é um direito inalienável".[29] Muitas vezes, hoje, enquanto nos enredamos em discussões semânticas ou ideológicas, deixamos ainda que irmãos e irmãs morram de fome ou de sede, sem um teto ou sem acesso a serviços de saúde. Junto com essas necessidades básicas não atendidas, o tráfico de pessoas é outra vergonha para a humanidade que a política internacional não deveria continuar a tolerar, indo além dos discursos e das boas intenções. Trata-se daquele mínimo que não se pode adiar mais.

Amor que integra e reúne

190. A caridade política expressa-se também na abertura a todos. Sobretudo o governante é chamado a renúncias que tornem possível o encontro, procurando

---

[29] FRANCISCO. *Discurso do Papa Francisco aos participantes no Encontro Mundial dos Movimentos Populares*. Brasília: Edições CNBB, 2015, p. 8. Coleção Sendas, volume 1.

a convergência pelo menos em alguns temas. Saber escutar o ponto de vista do outro, facilitando um espaço a todos. Com renúncias e paciência, um governante pode ajudar a criar uma realidade poliédrica em que todos encontram um lugar. Disso, não resultam as negociações de tipo econômico; é algo mais: é um intercâmbio de dons a favor do bem comum. Parece uma utopia ingênua, mas não podemos renunciar a esse sublime objetivo.

191. Vendo que todo tipo de intolerância fundamentalista danifica as relações entre pessoas, grupos e povos, comprometamo-nos a viver e a ensinar o valor do respeito, o amor capaz de aceitar as várias diferenças, a prioridade da dignidade de todo ser humano sobre quaisquer ideias, sentimentos, atividades e até pecados que possa ter. Enquanto os fanatismos, as lógicas fechadas e a fragmentação social e cultural proliferam na sociedade atual, um bom político dá o primeiro passo para que as diferentes vozes sejam ouvidas. É verdade que as diferenças geram conflitos, mas a uniformidade gera asfixia e neutraliza-nos culturalmente. Não nos acostumemos a viver fechados em um fragmento da realidade.

192. Nesse contexto, gostaria de lembrar que eu, juntamente com o Grande Imã Ahmad Al-Tayyeb, peço, "aos artífices da política internacional e da economia mundial, que se comprometam seriamente na difusão da tolerância, da convivência e da paz, para intervir, o mais breve possível, a fim de se impedir o derramamento de sangue inocente".[30] E quando determinada política semeia o ódio e o medo em relação a outras nações em nome do bem do próprio país, é necessário estar alerta, reagir a tempo e corrigir imediatamente o rumo.

Mais fecundidade que resultados

193. Ao mesmo tempo que tem atividades incansáveis, cada político permanece um ser humano, chamado a viver o amor em suas relações interpessoais diárias. É uma pessoa e precisa se dar conta de que "o mundo moderno, devido à sua perfeição técnica, tende a racionalizar cada vez mais a satisfação dos desejos humanos, classificados e distribuídos entre vários serviços. Cada vez menos um homem é chamado pelo próprio nome, cada vez menos será tratado como pessoa esse ser único no mundo, que tem seu próprio coração, sofrimentos, problemas e alegrias e a própria família. Só serão conhecidas suas doenças, para que sejam tratadas, sua falta de dinheiro, para que seja fornecido, sua necessidade de casa, para que seja alojado, seu desejo de lazer e de distrações, para que sejam satisfeitos".

---

[30] FRANCISCO; AL-TAYYEB, Ahmad. *Documento sobre a fraternidade humana em prol da paz mundial e da convivência comum* (Abu Dhabi, 4 de fevereiro de 2019): *L'Osservatore Romano* (ed. semanal portuguesa de 5/2/2019), 21.

Contudo, "amar o mais insignificante dos seres humanos como a um irmão, como se apenas ele existisse no mundo, não é perder tempo".[31]

194. Na política, há lugar também para amar com ternura. "Em que consiste a ternura? No amor, que se torna próximo e concreto. É um movimento que brota do coração e chega aos olhos, aos ouvidos e às mãos [...]. A ternura é o caminho que percorreram os homens e as mulheres mais corajosos e fortes".[32] No meio da atividade política, "os mais pequeninos, frágeis e pobres devem enternecer-nos: eles têm o 'direito' de arrebatar a nossa alma, o nosso coração. Sim, eles são nossos irmãos e devemos amá-los e tratá-los como tais".[33]

195. Isso nos ajuda a reconhecer que nem sempre se trata de obter grandes resultados, que às vezes não são possíveis. Na atividade política, é preciso recordar-se de que "independentemente da aparência, cada um é imensamente sagrado e merece nosso afeto e nossa dedicação. Por isso, se consigo ajudar uma só pessoa a viver melhor, isso já justifica o dom da minha vida. É maravilhoso ser povo fiel de Deus. E ganhamos

---

[31] VOILLAUME, Rene. *Frère de tous* (Paris, 1968), 12-13.

[32] FRANCISCO. *Videomensagem ao encontro internacional* TED2017 *em Vancouver* (26 de abril de 2017): *L'Osservatore Romano* (ed. semanal portuguesa de 4/5/2017), 17.

[33] FRANCISCO. *Catequese na Audiência Geral* (18 de fevereiro de 2015): *L'Osservatore Romano* (ed. semanal portuguesa de 19/2/2015), 20.

plenitude quando derrubamos os muros e o coração se enche de rostos e de nomes!" (EG, n. 274). Os grandes objetivos, sonhados nas estratégias, só em parte se alcançam. Mas, para além disso, a pessoa que ama e não mais entende a política como busca de poder "está segura de que não se perde nenhuma das suas obras feitas com amor, não se perde nenhuma das suas preocupações sinceras com os outros, não se perde nenhum ato de amor a Deus, não se perde nenhuma das suas generosas fadigas, não se perde nenhuma dolorosa paciência. Tudo isso circula pelo mundo como uma força de vida" (EG, n. 279).

196. Por outro lado, é de grande nobreza ser capaz de desencadear processos cujos frutos serão colhidos por outros, com a esperança colocada na força secreta do bem que se semeia. Ao amor, a boa política une a esperança, a confiança nas reservas de bem que, apesar de tudo, existem no coração do povo. Por isso, "a vida política autêntica, que se funda no direito e em um diálogo leal entre os sujeitos, renova-se com a convicção de que cada mulher, cada homem e cada geração carregam em si uma promessa que pode irradiar novas energias relacionais, intelectuais, culturais e espirituais".[34]

---

[34] FRANCISCO. *Mensagem para o 52º Dia Mundial da Paz de 2019* (8 de dezembro de 2018), 5: *L'Osservatore Romano* (ed. semanal portuguesa de 18-25/12/2018), 9.

197. Vista dessa maneira, a política é mais nobre do que a aparência, o *marketing*, as diferentes formas de disfarce da mídia. Tudo isso semeia apenas divisão, inimizade e um ceticismo desolador incapaz de apelar para um projeto comum. Ao pensar no futuro, alguns dias as perguntas devem ser: "Para quê? Para onde estou realmente indo?". Passados alguns anos, ao refletir sobre o próprio passado, a pergunta não será: "Quantos me aprovaram, quantos votaram em mim, quantos tiveram uma imagem positiva de mim?". As perguntas, talvez dolorosas, serão: "Quanto amor coloquei no meu trabalho? Em que fiz progredir o povo? Que marcas deixei na vida da sociedade? Que laços reais construí? Que forças positivas desencadeei? Quanta paz social semeei? O que produzi no lugar que me foi confiado?".

Capítulo VI

DIÁLOGO E AMIZADE SOCIAL

198. Aproximar-se, expressar-se, ouvir-se, olhar-se, conhecer-se, esforçar-se por entender-se, procurar pontos de contato: tudo isso se resume no verbo "dialogar". Para nos encontrarmos e ajudarmos mutuamente, precisamos dialogar. Não é necessário dizer para que serve o diálogo; é suficiente pensar como seria o mundo sem o diálogo paciente de tantas pessoas generosas, que mantiveram unidas famílias e comunidades. O diálogo perseverante e corajoso não é noticiado como as desavenças e os conflitos; contudo, de forma discreta, mas além do que podemos notar, ajuda o mundo a viver melhor.

O diálogo social para uma nova cultura

199. Alguns tentam fugir da realidade, refugiando-se em mundos privados, enquanto outros a enfrentam com violência destrutiva, mas "entre a indiferença egoísta e o protesto violento, há uma opção sempre possível: o diálogo. O diálogo entre as gerações, o diálogo do povo, porque todos somos povo, a capacidade de dar e receber, permanecendo abertos à verdade.

Um país cresce quando dialogam de modo construtivo suas diversas riquezas culturais: a cultura popular, a cultura universitária, a cultura juvenil, a cultura artística e tecnológica, a cultura econômica e familiar, e a cultura dos meios de comunicação".[1]

200. Muitas vezes se confunde o diálogo com algo muito diferente: uma troca de opiniões exaltadas nas redes sociais, muitas vezes causada por uma informação da mídia nem sempre confiável. Não passam de monólogos que avançam em paralelo, talvez chamando a atenção dos outros pelo tom agressivo. Mas os monólogos não envolvem ninguém, a ponto de seus conteúdos muitas vezes serem oportunistas e contraditórios.

201. A massiva difusão de fatos e reivindicações nas mídias de comunicação, na realidade, acaba muitas vezes por obstruir as possibilidades do diálogo, pois permite a cada um manter intactas e imutáveis as próprias ideias, interesses e opções, justificando-se com os erros alheios. Predomina o costume de difamar rapidamente o adversário, com adjetivos humilhantes, em vez de promover um diálogo aberto e respeitoso, no qual se procure alcançar uma síntese capaz de ir além. O pior é que essa linguagem, habitual na mídia durante uma campanha política, generalizou-se de tal maneira que é usada diariamente por todos. Com frequência, o

---

[1] FRANCISCO. *Discurso no encontro com a classe dirigente* (Rio de Janeiro – Brasil, 27 de julho de 2013): *AAS* 105 (2013), 683-684.

debate é manipulado por determinados interesses dos detentores de maior poder, que procuram desonestamente inclinar a opinião pública a seu favor. E não me refiro apenas ao governo vigente, porque esse poder manipulador pode ser econômico, político, midiático, religioso ou de qualquer outro gênero. Pode-se tentar justificá-lo ou desculpá-lo quando tende a servir aos próprios interesses econômicos ou ideológicos, mas, cedo ou tarde, volta-se contra esses próprios interesses.

202. A ausência de diálogo significa que ninguém, nos diferentes setores, está preocupado com o bem comum, mas sim em obter as vantagens que o poder proporciona ou, na melhor das hipóteses, em impor seu próprio modo de pensar. Assim, o diálogo será reduzido a meras negociações visando à obtenção de poder e de maiores vantagens possíveis, sem uma busca conjunta capaz de gerar o bem comum. Os heróis do futuro serão aqueles que saberão romper com essa mentalidade doentia, decidindo sustentar palavras cheias de verdade, para além das conveniências pessoais. Queira Deus que esses heróis estejam surgindo silenciosamente no meio de nossa sociedade.

Construir juntos

203. O diálogo social autêntico inclui a capacidade de respeitar o ponto de vista do outro, admitindo a possibilidade de que nele contenha convicções ou interesses legítimos. A partir da própria identidade, o outro tem uma contribuição a fazer, e é desejável que aprofunde e exponha sua posição para que o debate público seja ainda mais completo. Sem dúvida, quando uma pessoa ou um grupo é coerente com o que pensa, adere firmemente a valores e convicções e desenvolve um pensamento – isso, de uma maneira ou de outra, beneficiará a sociedade; mas isso só pode ocorrer realmente à medida que tal desenvolvimento acontecer no diálogo genuíno e na abertura aos outros. Com efeito, "em um verdadeiro espírito de diálogo, nutre-se a capacidade de entender o sentido daquilo que o outro diz e faz, embora não se possa assumi-lo como uma convicção própria. Desse modo, torna-se possível ser sincero, sem dissimular o que acreditamos, nem deixar de dialogar, procurar pontos de contato e, sobretudo, trabalhar e lutar juntos" (QA, n. 108). O debate público, se verdadeiramente der espaço a todos e não manipular nem ocultar informações, é um estímulo constante que permite alcançar de forma mais adequada a verdade ou, pelo menos, exprimi-la melhor. Impede que os vários setores se instalem, cômodos e autossuficientes, na sua maneira de ver as coisas e nos seus interesses limitados. Pensemos que "as diferenças são criativas, criam tensão, e, na resolução de uma tensão, está o progresso da humanidade".[2]

---

[2] Filme de Wim Wenders *O Papa Francisco – Um homem de palavra. A esperança é uma mensagem universal* (2018).

204. Atualmente há a convicção de que, além dos progressos científicos especializados, é necessária a comunicação interdisciplinar, uma vez que a realidade é uma só, embora possa ser abordada sob distintas perspectivas e com diferentes metodologias. Não se deve ocultar o risco de um progresso científico ser considerado a única abordagem possível para se entender um aspecto da vida, da sociedade e do mundo. Ao contrário, um investigador que avança frutuosamente na sua análise, mas está de igual modo disposto a reconhecer outras dimensões da realidade que investiga, graças ao trabalho de outras ciências e conhecimentos, abre-se para conhecer a realidade de maneira mais íntegra e plena.

205. Neste mundo globalizado, "os meios de comunicação podem ajudar a sentir-nos mais próximos uns dos outros; a fazer-nos perceber um renovado sentido de unidade da família humana, que impele à solidariedade e a um compromisso sério para uma vida mais digna [...]. Podem ajudar-nos nisso, especialmente nos nossos dias em que as redes da comunicação humana atingiram progressos sem precedentes. Particularmente a internet pode oferecer maiores possibilidades de encontro e de solidariedade entre todos; e isso é uma coisa boa, é um dom de Deus".[3] Mas é necessário verificar, continuamente, que as formas de comunicação atuais

---

[3] FRANCISCO. *Mensagem para o 48º Dia Mundial das Comunicações Sociais* (24 de janeiro de 2014): *AAS* 106 (2014), 113.

nos orientem efetivamente para o encontro generoso, a busca sincera da verdade íntegra, o serviço, a proximidade com os últimos e o compromisso de construir o bem comum. Ao mesmo tempo, como indicaram os bispos da Austrália, "não podemos aceitar um mundo digital projetado para explorar as nossas fraquezas e trazer à tona o pior das pessoas".[4]

A base dos consensos

206. O relativismo não é a solução. Sob o pretexto de uma presumível tolerância, acaba-se por deixar que os valores morais sejam interpretados pelos poderosos segundo as conveniências de momento. Se, em última análise, "não há verdades objetivas nem princípios estáveis, fora da satisfação das aspirações próprias e das necessidades imediatas, [...] não podemos pensar que os programas políticos ou a força da lei sejam suficientes [...], quando é a cultura que se corrompe deixando de reconhecer qualquer verdade objetiva ou quaisquer princípios universalmente válidos, as leis só se poderão entender como imposições arbitrárias e obstáculos a evitar" (LS, n. 123).

207. É possível se preocupar com a verdade, buscar a verdade que corresponde à nossa realidade mais

---

[4] CONFERÊNCIA DOS BISPOS CATÓLICOS DA AUSTRÁLIA (Departamento para a Justiça Social). *Making it real: genuine human encounter in our digital world* (novembro de 2019), 5.

profunda? O que é a lei sem a convicção, alcançada através de um longo caminho de reflexão e sabedoria, de que cada ser humano é sagrado e inviolável? Para que uma sociedade tenha futuro, é preciso que tenha amadurecido um vivo respeito pela verdade da dignidade humana, à qual nos submetemos. Então não deixaremos de matar alguém apenas para evitar o desprezo social e o peso da lei, mas por convicção. É uma verdade irrenunciável que reconhecemos com razão e aceitamos com consciência. Uma sociedade é nobre e respeitável porque cultiva a busca da verdade e seu apego às verdades fundamentais.

208. Temos de ter prática em desmascarar as várias formas de manipulação, distorção e ocultação da verdade nas esferas pública e privada. O que chamamos de "verdade" não é só a comunicação dos fatos pelo jornalismo. É, em primeiro lugar, a busca dos fundamentos mais sólidos que sustentam nossas escolhas e nossas leis. Isso implica aceitar que a inteligência humana pode ir além das conveniências do momento atual e apreender algumas verdades que não mudam, que eram verdade antes de nós e sempre o serão. Indagando sobre a natureza humana, a razão descobre valores que são universais, porque dela derivam.

209. Caso contrário, não poderia porventura suceder que os direitos humanos fundamentais, hoje considerados invioláveis, fossem negados por quem está no poder, depois de terem obtido o "consenso" de uma população adormecida e amedrontada? Nem seria suficiente um mero consenso entre os vários povos igualmente manipuláveis. Já existem provas abundantes de todo bem que somos capazes de realizar, mas ao mesmo tempo devemos reconhecer a capacidade de destruição que existe em nós. Não será esse individualismo indiferente e desalmado em que caímos o resultado da preguiça de buscar os valores mais elevados, que vão além das necessidades momentâneas? Ao relativismo acrescenta-se o risco de que os poderosos ou os mais hábeis consigam impor uma suposta verdade. Pelo contrário, "diante das normas morais que proíbem o mal intrínseco, não existem privilégios ou exceções para ninguém. Ser o dono do mundo ou o último 'miserável' sobre a face da terra não faz diferença alguma: perante as exigências morais, todos somos absolutamente iguais" (VS, n. 96).[5]

210. Um fenômeno atual que nos arrasta para uma lógica perversa e vazia é a assimilação da ética e da política à física. Não existem o bem e o mal em si mesmos, mas apenas um cálculo de vantagens e desvantagens. A mudança da razão moral traz como consequência que o direito não pode se referir a uma concepção fundamental de justiça, mas torna-se um espelho das ideias dominantes. Entramos aqui em uma

---

[5] SÃO JOÃO PAULO II. Carta Encíclica *Veritatis Splendor*: sobre algumas questões fundamentais do ensinamento moral da Igreja, 6 de agosto de 1993.

degradação: vai-se "nivelando por baixo", mediante um consenso superficial e comprometedor. Assim, em última análise, triunfa a lógica da força.

O consenso e a verdade

211. Em uma sociedade pluralista, o diálogo é o caminho mais adequado para reconhecer o que sempre deve ser afirmado e respeitado e que vai além do consenso ocasional. Falamos de um diálogo que precisa ser enriquecido e esclarecido por razões, argumentos racionais, perspectivas variadas, contribuições de diversos conhecimentos e pontos de vista, e que não exclui a convicção de que é possível chegar a algumas verdades fundamentais que devem ser sempre defendidas. Aceitar que há alguns valores permanentes, embora nem sempre seja fácil reconhecê-los, confere solidez e estabilidade a uma ética social. Mesmo quando os reconhecemos e assumimos através do diálogo e do consenso, vemos que esses valores básicos vão além de qualquer consenso e os reconhecemos como valores transcendentes aos nossos contextos e nunca negociáveis. Nossa compreensão do seu significado e importância pode crescer – e, nesse sentido, o consenso é uma realidade dinâmica –, mas, em si mesmas, são apreciadas como estáveis por seu sentido intrínseco.

212. Se algo permanece sempre conveniente para o bom funcionamento da sociedade, não será porque, por trás disso, há uma verdade perene que a inteligência pode captar? Na própria realidade do ser humano e da sociedade, na sua natureza íntima, há uma série de estruturas básicas que sustentam seu desenvolvimento e sua sobrevivência. Daí derivam certas exigências que podem ser descobertas através do diálogo, embora não sejam estritamente construídas pelo consenso. O fato de certas normas serem indispensáveis para a própria vida social é um indício externo de como elas são algo intrinsecamente bom. Portanto, não é necessário contrapor a conveniência social, o consenso e a realidade de uma verdade objetiva. As três coisas podem unir-se harmoniosamente quando as pessoas, através do diálogo, têm a coragem de levar a fundo uma questão.

213. Se devemos respeitar a dignidade dos outros em qualquer situação, isso significa que essa dignidade não é uma invenção nem uma suposição nossa, mas que existe realmente neles um valor superior às coisas materiais e independente das circunstâncias, o que exige um tratamento distinto. Que todo ser humano possui uma dignidade inalienável é uma verdade que corresponde à natureza humana, independentemente de qualquer transformação cultural. Por isso, o ser humano possui a mesma dignidade inviolável em todo e qualquer período da história, e ninguém pode sentir-se autorizado pelas circunstâncias a negar essa convicção, nem a agir em sentido contrário. Assim, a inteligência pode perscrutar a realidade das coisas, através da reflexão, da experiência e do diálogo, para reconhecer, nessa realidade que a transcende, a base de certas exigências morais universais.

214. Para os agnósticos, esse fundamento pode parecer suficiente para conferir aos princípios éticos básicos e não negociáveis uma validade universal de tal forma firme e estável que consiga impedir novas catástrofes. Para os que creem, a natureza humana, fonte de princípios éticos, foi criada por Deus, que em última análise confere um fundamento sólido a esses princípios.[6] Isso não estabelece um fixismo ético, nem abre caminho à imposição de um sistema moral, uma vez que os princípios morais fundamentais e universalmente válidos podem dar origem a várias normativas práticas. Por isso, fica sempre um espaço para o diálogo.

Uma nova cultura

215. "A vida é a arte do encontro, embora haja tanto desencontro na vida."[7] Já várias vezes convidei a desenvolver uma cultura do encontro que supere as dialéticas que colocam um contra o outro. É um estilo de vida que tende a formar aquele poliedro que tem muitas

---

[6] Como cristãos, acreditamos também que Deus dá a sua graça para podermos agir como irmãos.

[7] Vinicius de Moraes, "Samba da Bênção", no disco *Um encontro no "Au bon Gourmet"* (Rio de Janeiro, 2/8/1962).

faces, muitos lados, mas todos compõem uma unidade rica de matizes, porque "o todo é superior à parte" (EG, n. 237). O poliedro representa uma sociedade em que as diferenças convivem integrando-se, enriquecendo-se e iluminando-se reciprocamente, embora isso envolva discussões e desconfianças. Na realidade, de todos se pode aprender alguma coisa, ninguém é inútil, ninguém é supérfluo. Isso implica incluir as periferias. Quem vive nelas tem outro ponto de vista, vê aspectos da realidade que não se descobrem a partir dos centros de poder onde se tomam as decisões mais determinantes.

O encontro feito cultura

216. A palavra "cultura" indica algo que penetrou no povo, nas suas convicções mais profundas e no seu estilo de vida. Quando falamos de uma "cultura" no povo, trata-se de algo mais que uma ideia ou uma abstração; inclui as aspirações, o entusiasmo e, em última análise, um modo de viver que caracteriza aquele grupo humano. Assim, falar de "cultura do encontro" significa que, como povo, somos apaixonados por querer encontrar-nos, procurar pontos de contato, construir pontes, planejar algo que envolva a todos. Isso se tornou uma aspiração e um estilo de vida. O sujeito dessa cultura é o povo, não um setor da sociedade que tenta manter tranquilo o resto com recursos profissionais e midiáticos.

217. A paz social é laboriosa, artesanal. Seria mais fácil conter as liberdades e as diferenças com um pouco de astúcia e algumas compensações, mas essa paz seria superficial e frágil, não o fruto de uma cultura do encontro que a sustenta. Integrar as realidades diferentes é muito mais difícil e lento, embora seja a garantia de uma paz real e sólida. Isso não se consegue agrupando só os puros, porque "até mesmo as pessoas que possam ser criticadas pelos seus erros têm algo a oferecer que não se deve perder" (EG, n. 236). Nem consiste em uma paz que surja silenciando as reivindicações sociais ou as impedindo de criar confusão, pois não é "um consenso de escritório ou uma paz efêmera para uma minoria feliz" (EG, n. 218). O que conta é gerar *processos* de encontro, processos que possam construir um povo capaz de colecionar as diferenças. Armemos os nossos filhos com as armas do diálogo! Vamos ensinar-lhes o bom combate do encontro!

O prazer de reconhecer o outro

218. Isso implica o hábito de reconhecer, ao outro, o direito de ser ele próprio e de ser diferente. A partir desse reconhecimento que se tornou cultura, torna-se possível a criação de um pacto social. Sem esse reconhecimento, surgem maneiras sutis de fazer com que o outro perca todo o seu significado, se torne irrelevante, fazer com que não lhe seja reconhecido nenhum valor na sociedade. Por trás da rejeição de certas formas visíveis de violência, muitas vezes se esconde outra violência mais sutil: a daqueles que desprezam o diferente, sobretudo quando as suas reivindicações prejudicam de alguma maneira os próprios interesses.

219. Quando uma parte da sociedade pretende apropriar-se de tudo o que o mundo oferece, como se os pobres não existissem, virá o momento em que isso terá as suas consequências. Ignorar a existência e os direitos dos outros provoca, mais cedo ou mais tarde, alguma forma de violência, muitas vezes inesperada. Os sonhos de liberdade, igualdade e fraternidade podem permanecer no nível de meras formalidades, porque não são efetivamente para todos. Sendo assim, não se trata apenas de buscar um encontro entre aqueles que detêm várias formas de poder econômico, político ou acadêmico. Um efetivo encontro social coloca em verdadeiro diálogo as grandes formas culturais que representam a maioria da população. Muitas vezes, as boas propostas não são assumidas pelos setores mais pobres, porque se apresentam com uma roupagem cultural que não é a deles e com a qual não se identificam. Por conseguinte, um pacto social realista e inclusivo deve ser também um "pacto cultural", que respeite e assuma as diversas visões de mundo, as culturas e os estilos de vida que coexistem na sociedade.

220. Por exemplo, os povos nativos não são contra o progresso, embora tenham uma ideia diferente de progresso, frequentemente mais humanista que a da cultura moderna dos povos desenvolvidos. Não é uma cultura orientada para benefício daqueles que detêm o poder, daqueles que precisam criar uma espécie de paraíso sobre a terra. A intolerância e o desprezo perante as culturas populares indígenas são uma verdadeira forma de violência, própria dos especialistas em ética sem bondade, que vivem julgando os outros. Mas nenhuma mudança autêntica, profunda e estável é possível se não se realizar a partir das várias culturas, principalmente dos pobres. Um pacto cultural pressupõe que se renuncie a compreender de maneira monolítica a identidade de um lugar, e exige que se respeite a diversidade, oferecendo-lhe caminhos de promoção e integração social.

221. Esse pacto implica também aceitar a possibilidade de ceder algo para o bem comum. Ninguém será capaz de possuir toda a verdade nem satisfazer a totalidade dos seus desejos, porque tal pretensão levaria a querer destruir o outro, negando seus direitos. A busca de uma falsa tolerância deve dar lugar ao realismo dialogante por parte de quem pensa que deve ser fiel aos seus princípios, mas reconhecendo que o outro também tem o direito de procurar ser fiel aos dele. É o autêntico reconhecimento do outro, que só o amor torna possível e que significa colocar-se no lugar do outro para descobrir o que há de autêntico ou pelo menos de compreensível no meio das suas motivações e interesses.

Recuperar a amabilidade

222. O individualismo consumista provoca muitos abusos. Os outros se tornam meros obstáculos para a agradável tranquilidade própria e, assim, acaba-se por tratá-los como incômodos, o que aumenta a agressividade. Isso se acentua e atinge níveis exasperantes em períodos de crise, situações catastróficas, momentos difíceis, quando aflora o espírito do "salve-se quem puder". Contudo, ainda é possível optar pelo cultivo da amabilidade. Há pessoas que fazem isso, tornando-se estrelas no meio da escuridão.

223. São Paulo designa um fruto do Espírito Santo com a palavra grega *chrestotes* (Gl 5,22), que expressa um estado de ânimo não áspero, rude, duro, mas benigno, suave, que sustenta e conforta. A pessoa que possui essa qualidade ajuda os outros para que a sua existência seja mais suportável, sobretudo quando sobrecarregados com o peso dos seus problemas, urgências e angústias. É um modo de tratar os outros que se manifesta de diferentes formas: amabilidade no trato, cuidado para não magoar com palavras ou gestos, como tentativa de aliviar o peso dos outros. Supõe "dizer palavras de incentivo, que reconfortam, fortalecem, consolam, estimulam", em vez de "palavras que humilham, angustiam, irritam, desprezam" (AL, n. 100).[8]

224. A amabilidade é uma libertação da crueldade que às vezes penetra nas relações humanas, da ansiedade que não nos deixa pensar nos outros, da urgência distraída que ignora que os outros também têm direito de ser felizes. Hoje raramente se encontram tempo e energia disponíveis para tratar bem os outros, para dizer "com licença", "desculpe", "obrigado". Contudo, de vez em quando, verifica-se o milagre de uma pessoa amável que deixa de lado as suas preocupações e urgências para prestar atenção, oferecer um sorriso, dizer uma palavra de estímulo, possibilitar um espaço de escuta no meio de tanta indiferença. Esse esforço, vivido dia a dia, é capaz de criar aquela convivência sadia que vence as incompreensões e evita os conflitos. O exercício da amabilidade não é um detalhe insignificante, nem uma atitude superficial ou burguesa. Dado que pressupõe estima e respeito, quando se torna cultura em uma sociedade, transforma profundamente o estilo de vida, as relações sociais, o modo de debater e confrontar as ideias. Facilita a busca de consensos e abre caminhos onde a exasperação destrói todas as pontes.

---

[8] FRANCISCO. Exortação Apostólica *Amoris Laetitia*: sobre o amor na família. (Voz do Papa, 202). São Paulo: Paulinas, 2018.

Capítulo VII

CAMINHOS DE UM NOVO ENCONTRO

225. Em muitas partes do mundo, faltam caminhos de paz que levem a curar as feridas, há necessidade de artesãos da paz prontos a gerar, com engenhosidade e ousadia, processos de cura e de encontros renovados.

Recomeçar a partir da verdade

226. Novo encontro não significa voltar ao período anterior aos conflitos. Com o tempo, todos mudamos. A tribulação e os confrontos transformaram-nos. Além disso, já não há espaço para diplomacias vazias, dissimulações, discursos com duplo sentido, ocultações, bons modos que escondem a realidade. Os que se defrontaram duramente falam a partir da verdade, nua e crua. Precisam aprender a cultivar uma memória penitencial, capaz de assumir o passado para libertar o futuro das próprias insatisfações, confusões ou projeções. Só da verdade histórica dos fatos poderá nascer o esforço perseverante e duradouro para se compreenderem mutuamente e tentar uma nova síntese para o bem de todos. De fato, "o processo de paz é um empenho que se prolonga no tempo. É um trabalho paciente de busca da verdade e da justiça, que honra a memória das vítimas e abre, passo a passo, para uma esperança comum, mais forte do que a vingança".[1] Como disseram os bispos do Congo a propósito de um conflito que não cessa de reacender-se, "os acordos de paz no papel nunca serão suficientes. Será preciso ir mais longe, integrando a exigência de verdade sobre as origens desta crise recorrente. O povo tem direito de saber o que aconteceu".[2]

227. Com efeito, "a verdade é uma companheira inseparável da justiça e da misericórdia. Se, por um lado, são essenciais – as três juntas – para construir a paz, por outro, cada uma delas impede que as restantes sejam adulteradas [...]. De fato, a verdade não deve levar à vingança, mas antes à reconciliação e ao perdão. A verdade é contar às famílias dilaceradas pela dor o que aconteceu aos seus parentes desaparecidos. A verdade é confessar o que aconteceu aos menores recrutados pelos agentes de violência. A verdade é reconhecer o sofrimento das mulheres vítimas de violência e de

---

[1] FRANCISCO. *Mensagem para o 53ª Dia Mundial da Paz de 2020* (8 de dezembro de 2019), 2: *L'Osservatore Romano* (ed. semanal portuguesa de 17-27/12/2019), 9.

[2] CONFERÊNCIA EPISCOPAL DO CONGO. *Message au Peuple de Dieu et aux femmes et aux hommes de bonne volonté* (9/5/2018).

abusos [...]. Cada ato de violência cometido contra um ser humano é uma ferida na carne da humanidade; cada morte violenta 'diminui-nos' como pessoas [...]. A violência gera mais violência, o ódio gera mais ódio, e a morte gera mais morte. Devemos quebrar essa corrente que aparece como inelutável".[3]

A arquitetura e o artesanato da paz

228. O caminho para a paz não implica homogeneizar a sociedade, mas permite-nos trabalhar juntos. Pode unir muitos nas pesquisas comuns, em que todos ganham. Perante certo objetivo comum, poder-se-á contribuir com diferentes propostas técnicas, distintas experiências, e trabalhar em prol do bem comum. É preciso procurar identificar bem os problemas que uma sociedade atravessa, para aceitar que existem diferentes maneiras de encarar as dificuldades e resolvê-las. O caminho para uma melhor convivência implica sempre reconhecer a possibilidade de que o outro contribua com uma perspectiva legítima, pelo menos em parte, algo que possa ser reavaliado, mesmo que se tenha enganado ou agido mal. Porque "o outro nunca há de ser circunscrito àquilo que poderia ter dito ou feito, mas deve ser considerado pela promessa que

---

[3] FRANCISCO. *Alocução na Liturgia de Reconciliação* (Villavicencio – Colômbia, 8 de setembro de 2017): *AAS* 109 (2017), 1063-1064 e 1066.

traz em si mesmo",[4] uma promessa que deixa sempre um lampejo de esperança.

229. Como ensinaram os bispos da África do Sul, a verdadeira reconciliação alcança-se de maneira proativa, "formando uma nova sociedade baseada no serviço aos outros, e não no desejo de dominar; uma sociedade baseada na partilha do que se possui com os outros, e não na luta egoísta de cada um pela maior riqueza possível; uma sociedade na qual o valor de estar juntos como seres humanos é, em última análise, mais importante do que qualquer grupo menor, seja ele a família, a nação, a etnia ou a cultura".[5] E os bispos da Coreia do Sul destacaram que uma verdadeira paz "só se pode alcançar quando lutamos pela justiça através do diálogo, buscando a reconciliação e o desenvolvimento mútuo".[6]

230. O árduo esforço por superar o que nos divide, sem perder a identidade de cada um, pressupõe que em todos permaneça vivo um sentimento fundamental de pertença. Porque "a nossa sociedade ganha quando cada

---

[4] FRANCISCO. *Mensagem para o 53º Dia Mundial da Paz de 2020* (8 de dezembro de 2019), 3: *L'Osservatore Romano* (ed. semanal portuguesa de 17-27/12/2019), 9.

[5] CONFERÊNCIA DOS BISPOS DA ÁFRICA DO SUL. *Pastoral letter on Christian hope in the current crisis* (maio de 1986).

[6] CONFERÊNCIA DOS BISPOS CATÓLICOS DA COREIA. *Appeal of the Catholic Church in Korea for Peace on the Korean Peninsula* (15 de agosto de 2017).

pessoa, cada grupo social *se sente verdadeiramente de casa*. Em uma família, os pais, os avós, os filhos são de casa; ninguém fica excluído. Se alguém tem uma dificuldade, mesmo grave, ainda que seja por culpa dele, os outros correm em sua ajuda, apoiam-no; a sua dor é de todos [...]. Nas famílias, todos contribuem para o projeto comum, todos trabalham para o bem comum, mas sem anular o indivíduo; pelo contrário, sustentam-no, promovem-no. Podem brigar entre si, mas há algo que não muda: este laço familiar. As brigas de família tornam-se, mais tarde, reconciliações. As alegrias e as penas de cada um são assumidas por todos. Isso sim é ser família! Oh, se pudéssemos conseguir ver o adversário político ou o vizinho de casa com os mesmos olhos com que vemos filhos, esposas, maridos, pais ou mães, como seria bom! Amamos a nossa sociedade, ou continua a ser algo distante, algo anônimo, que não nos corresponde, não nos afeta, não nos compromete?".[7]

231. Muitas vezes há grande necessidade de negociar e, assim, desenvolver caminhos concretos para a paz. Mas os processos efetivos de uma paz duradoura são, antes de tudo, transformações artesanais realizadas pelos povos, onde cada pessoa pode ser um fermento eficaz com o seu estilo de vida diário. As

---

[7] FRANCISCO. *Discurso no encontro com a sociedade civil* (Quito – Equador, 7 de julho de 2015): *L'Osservatore Romano* (ed. semanal portuguesa de 9/7/2015), 10.

grandes transformações não são construídas na mesa ou no escritório. Por isso, "cada qual desempenha um papel fundamental, em um único projeto criador, para escrever uma nova página da história, uma página cheia de esperança, cheia de paz, cheia de reconciliação".[8] Existe uma "arquitetura" da paz, na qual intervêm as várias instituições da sociedade, cada uma dentro de sua competência, mas há também um "artesanato" da paz, que envolve a todos. A partir de distintos processos de paz que se desenvolvem em vários lugares do mundo, "aprendemos que estes caminhos de pacificação, de primazia da razão sobre a vingança, de delicada harmonia entre a política e o direito, não podem prescindir das pessoas implicadas nos processos. Não basta o desenho de quadros normativos e acordos institucionais entre grupos políticos ou econômicos de boa vontade [...]. Além disso, é sempre enriquecedor incorporar nos nossos processos de paz a experiência de setores que, em muitas ocasiões, foram deixados de lado, para que sejam precisamente as comunidades a revestir os processos de memória coletiva".[9]

232. Nunca está terminada a construção da paz social em um país, mas é "uma tarefa que não dá

---

[8] FRANCISCO. *Discurso no encontro inter-religioso com os jovens* (Maputo – Moçambique, 5 de setembro de 2019): *L'Osservatore Romano* (ed. semanal portuguesa de 10/9/2019), 4.

[9] FRANCISCO. *Homilia Dignidade da pessoa e direitos humanos* (Cartagena das Índias – Colômbia, 10 de setembro de 2017): *AAS* 109 (2017), 1086.

tréguas e exige o compromisso de todos. Uma obra que nos pede para não esmorecermos no esforço por construir a unidade da nação e – apesar dos obstáculos, das diferenças e das diversas abordagens sobre o modo como conseguir a convivência pacífica – para persistirmos na labuta por favorecer a cultura do encontro, que exige que, no centro de toda ação política, social e econômica, se coloque a pessoa humana, a sua sublime dignidade e o respeito pelo bem comum. Que esse esforço nos afaste de toda tentação de vingança e busca de interesses apenas particulares e a curto prazo".[10] As manifestações públicas violentas, de um lado ou do outro, não ajudam a encontrar vias de saída, sobretudo porque, como bem assinalaram os bispos da Colômbia, quando "se incentivam as mobilizações dos cidadãos, nem sempre suas origens e seus objetivos são claros, não faltam formas de manipulação política e apropriações a favor de interesses particulares".[11]

Sobretudo com os menos favorecidos

233. A promoção da amizade social implica não só a aproximação entre grupos sociais distantes devido

---

[10] FRANCISCO. *Discurso no Encontro com as autoridades, o corpo diplomático e representantes da sociedade civil* (Bogotá – Colômbia, 7 de setembro de 2017): *AAS* 109 (2017), 1029.

[11] CONFERÊNCIA EPISCOPAL DA COLÔMBIA. *Por el bien de Colombia: diálogo, reconciliación y desarrollo integral* (26 de novembro de 2019), 4.

a algum período conflituoso da história, mas também a busca de um renovado encontro com os setores mais pobres e vulneráveis. A paz "não é apenas ausência de guerra, mas o empenho incansável – especialmente daqueles que ocupam um cargo de maior responsabilidade – de reconhecer, garantir e reconstruir concretamente a dignidade, tantas vezes esquecida ou ignorada, de irmãos nossos, para que possam sentir-se os principais protagonistas do destino da própria nação".[12]

234. Muitas vezes, os últimos da sociedade foram ofendidos com generalizações injustas. Se às vezes os mais pobres e os descartados reagem com atitudes que parecem antissociais, é importante compreender que, em muitos casos, tais reações têm a ver com uma história de desprezo e falta de inclusão social. Como ensinam os bispos latino-americanos, "só a proximidade que nos faz amigos nos permite apreciar profundamente os valores dos pobres de hoje, seus legítimos desejos e seu modo próprio de viver a fé. A opção pelos pobres deve conduzir-nos à amizade com os pobres" (DAp, n. 398).[13]

---

[12] FRANCISCO. *Discurso no encontro com as autoridades, o corpo diplomático e alguns representantes da sociedade civil* (Maputo – Moçambique, 5 de setembro de 2019): *L'Osservatore Romano* (ed. semanal portuguesa de 10/9/2019), 3.

[13] CELAM. *Documento de Aparecida*: Documento Conclusivo da V Conferência Geral do Episcopado Latino-Americano e do Caribe. Brasília: Edições CNBB; São Paulo: Paulus/Paulinas, 2008.

235. Aqueles que pretendem levar a paz a uma sociedade não devem esquecer que a desigualdade e a falta de desenvolvimento humano integral impedem que se gere a paz. Na verdade, "sem igualdade de oportunidades, as várias formas de agressão e de guerra encontrarão um terreno fértil que, mais cedo ou mais tarde, há de provocar a explosão. Quando a sociedade – local, nacional ou mundial – abandona na periferia uma parte de si mesma, não há programas políticos nem forças da ordem ou serviços secretos que possam garantir indefinidamente a tranquilidade" (EG, n. 59). Quando se trata de recomeçar, sempre há de ser a partir dos últimos.

O valor e o significado do perdão

236. Alguns preferem não falar de reconciliação, porque pensam que o conflito, a violência e as fraturas fazem parte do funcionamento normal de uma sociedade. De fato, em qualquer grupo humano, há lutas de poder mais ou menos sutis entre vários setores. Outros defendem que dar lugar ao perdão equivale a ceder o espaço próprio para que outros dominem a situação. Por isso, consideram que é melhor manter um jogo de poder que permita assegurar um equilíbrio de forças entre os diferentes grupos. Outros consideram que a reconciliação seja coisa de fracos, que não são capazes de um diálogo em profundidade e, por isso, optam por escapar dos problemas escondendo as injustiças: incapazes de enfrentar os problemas, preferem uma paz aparente.

O conflito inevitável

237. O perdão e a reconciliação são temas de grande importância no cristianismo e, de várias maneiras, em outras religiões. O risco está em não entender adequadamente as convicções das pessoas que creem e apresentá-las de tal modo que acabem por alimentar o fatalismo, a inércia ou a injustiça, e, por outro lado, a intolerância e a violência.

238. Jesus Cristo nunca convidou a fomentar a violência ou a intolerância. Ele próprio condenava abertamente o uso da força para se impor aos outros: "Sabeis que os chefes das nações as dominam e os grandes impõem sua autoridade. Entre vós não seja assim" (Mt 20,25-26). Por outro lado, o Evangelho pede para perdoar "setenta vezes sete vezes" (Mt 18,22), dando o exemplo do servo sem compaixão, que foi perdoado, mas, por sua vez, mostrou-se incapaz de perdoar os outros (Mt 18,23-35).

239. Se lermos outros textos do Novo Testamento, podemos notar que realmente as primeiras comunidades, imersas em um mundo pagão repleto de corrupção e aberrações, viviam um senso de paciência, tolerância, compreensão. A esse respeito, são muito claros alguns textos: convida-se a corrigir os adversários "com brandura" (2Tm 2,25); ou exorta-se a "não difamar ninguém, ser pessoas de paz, benevolentes, dando provas de mansidão para com todos. Nós também, outrora, éramos insensatos" (Tt 3,2-3). O livro dos Atos dos Apóstolos mostra que os discípulos, perseguidos por algumas autoridades, "eram estimados por todo o povo" (At 2,47; cf. 4,21.33; 5,13).

240. Entretanto, ao refletirmos sobre o perdão, a paz e a harmonia social, deparamo-nos com um texto de Jesus Cristo que nos surpreende: "Não penseis que vim trazer a paz à terra! Não vim trazer a paz, mas sim, a espada. Com efeito, eu vim causar divisão: o filho contra seu pai, a filha contra sua mãe, a nora contra sua sogra; e assim, os inimigos do homem serão os próprios familiares" (Mt 10,34-36). É importante situá-lo no contexto do capítulo em que está inserido. Aqui se vê claramente que o tema em questão é o da fidelidade à própria opção, sem ter vergonha, ainda que isso traga contrariedades e mesmo que os entes queridos se oponham a tal opção. Portanto, tais palavras não convidam a procurar conflitos, mas simplesmente a suportar o conflito inevitável, para que o respeito humano não leve a faltar à fidelidade em nome de uma suposta paz familiar ou social. São João Paulo II disse que a Igreja "não pretende condenar toda e qualquer forma de conflitualidade social. A Igreja sabe bem que, ao longo da história, os conflitos de interesse entre diversos grupos sociais surgem inevitavelmente e que, perante eles, o cristão deve muitas vezes tomar posição decidida e coerente" (CA, n. 14).

As lutas legítimas e o perdão

241. Não se trata de propor um perdão renunciando aos próprios direitos perante um poderoso corrupto, um criminoso ou alguém que degrada a nossa dignidade. Somos chamados a amar a todos, sem exceção, mas amar um opressor não significa consentir que continue a oprimir, nem levá-lo a pensar que é aceitável o que faz. Ao contrário, amá-lo corretamente é procurar, de várias maneiras, que deixe de oprimir, tirar-lhe o poder que não sabe usar e que o desfigura como ser humano. Perdoar não significa permitir que continuem a pisotear a própria dignidade e a do outro, ou deixar que um criminoso continue a fazer o mal. Quem sofre injustiça tem de defender vigorosamente os seus direitos e os da sua família, precisamente porque deve guardar a dignidade que lhes foi dada, uma dignidade que Deus ama. Se um delinquente cometeu um delito contra mim ou a um ente querido, nada me impede de exigir justiça e garantir que essa pessoa – ou qualquer outra – não volte a lesar-me nem cause a outros o mesmo dano. Cabe a mim fazer isso, e o perdão não só não anula essa necessidade, mas reclama-a.

242. O importante é não o fazer para alimentar um ódio que faz mal à alma da pessoa e à alma do nosso povo, ou por uma necessidade doentia de destruir o outro, desencadeando uma série de vinganças. Ninguém alcança a paz interior nem se reconcilia com a vida dessa maneira. A verdade é que "nenhuma família, nenhum grupo de vizinhos ou uma etnia e, menos ainda, um país tem futuro, se o motor que os une, congrega e cobre as diferenças é a vingança e o ódio. Não podemos concordar e nos unir para nos vingarmos, para fazermos àquele que foi violento o mesmo que ele nos fez, para planejarmos ocasiões de retaliação sob formatos aparentemente legais".[14] Assim não se ganha nada e, a longo prazo, perde-se tudo.

243. Sem dúvida, "não é tarefa fácil superar a amarga herança de injustiças, hostilidades e desconfiança deixada pelo conflito. Só se pode conseguir superando o mal com o bem (Rm 12,21) e cultivando aquelas virtudes que promovem a reconciliação, a solidariedade e a paz".[15] Desse modo, a bondade, "a quem a faz crescer dentro de si, dá uma consciência tranquila, uma alegria profunda, mesmo em meio às

---

[14] FRANCISCO. *Homilia na Missa pelo progresso dos povos* (Maputo – Moçambique, 6 de setembro de 2019): *L'Osservatore Romano* (ed. semanal portuguesa de 10/9/2019), 12.

[15] FRANCISCO. *Discurso na cerimônia de chegada* (Colombo – Sri Lanka, 13 de janeiro de 2015): *L'Osservatore Romano* (ed. semanal portuguesa de 15/1/2015), 3.

dificuldades e incompreensões. E até diante das ofensas sofridas, a bondade não é fraqueza, mas verdadeira força, capaz de renunciar à vingança".[16] É necessário reconhecer na própria vida que "inclusive aquele duro julgamento que tenho no coração contra o meu irmão ou a minha irmã, a ferida não curada, aquele mal não perdoado, o rancor que só me faz mal, é um pedaço de guerra que tenho dentro de mim, é um fogo no coração que deve ser apagado a fim de não irromper em um incêndio".[17]

A *verdadeira superação*

244. Quando os conflitos não se resolvem, mas se escondem ou são enterrados no passado, surgem silêncios que podem significar tornar-se cúmplice de graves erros e pecados. A verdadeira reconciliação não escapa do conflito, mas alcança-se *dentro* do conflito, superando-o através do diálogo e de negociações transparentes, sinceras e pacientes. A luta entre diferentes setores, "quando livre de inimizades e ódio mútuo, transforma-se pouco a pouco em uma concorrência honesta, fundada no amor da justiça" (QAn, n. 114).

---

[16] FRANCISCO. *Discurso no Centro de Assistência Betânia* (Tirana – Albânia, 21 de setembro de 2014): *Insegnamenti* II/2 (2014), 288; *L'Osservatore Romano* (ed. semanal portuguesa de 25/9/2014), 13.

[17] FRANCISCO. *Videomensagem ao encontro internacional* TED2017 *em Vancouver* (26 de abril de 2017): *L'Osservatore Romano* (ed. semanal portuguesa de 4/5/2017), 16.

245. Várias vezes propus "um princípio que é indispensável para construir a amizade social: a unidade é superior ao conflito [...]. Não é apostar no sincretismo ou na absorção de um no outro, mas na resolução em um plano superior que preserva em si as preciosas potencialidades das polaridades em contraste" (EG, n. 228). Sabemos bem que, "todas as vezes que aprendemos, como pessoas e comunidades, a ter um objetivo mais elevado do que nós mesmos e os nossos interesses particulares, a compreensão e o compromisso recíprocos transformam-se em solidariedade; [...] em uma área onde os conflitos, as tensões e mesmo aqueles a quem seria possível considerar como contrapostos no passado, podem alcançar uma unidade multiforme que gera nova vida".[18]

A memória

246. De quem sofreu muito de maneira injusta e cruel, não se deve exigir uma espécie de "perdão social". A reconciliação é um fato pessoal, e ninguém pode impô-la ao conjunto de uma sociedade, embora a deva promover. Na esfera estritamente pessoal, com uma decisão livre e generosa, alguém pode renunciar a exigir um castigo (Mt 5,44-46), mesmo que a sociedade

---

[18] FRANCISCO. *Discurso no encontro com as autoridades, a sociedade civil e o corpo diplomático* (Riga – Letônia, 24 de setembro de 2018): *L'Osservatore Romano* (ed. semanal portuguesa de 27/9/2018), 10.

e a sua justiça o busquem legitimamente. Mas não é possível decretar uma "reconciliação geral", pretendendo fechar por decreto as feridas ou cobrir as injustiças com um manto de esquecimento. Quem pode reivindicar o direito de perdoar em nome dos outros? É comovente ver a capacidade de perdão de algumas pessoas que souberam ultrapassar o dano sofrido, mas também é humano compreender aqueles que não o conseguem. Em todo caso, o que nunca se deve propor é o esquecimento.

247. A *Shoah* não deve ser esquecida. É o "símbolo dos extremos aonde pode chegar a maldade do homem, quando, atiçado por falsas ideologias, esquece a dignidade fundamental de cada pessoa, a qual merece respeito absoluto seja qual for o povo a que pertença e a religião que professe".[19] Ao recordá-la, não posso deixar de repetir esta oração: "Lembrai-vos de nós na vossa misericórdia. Dai-nos a graça de nos envergonharmos daquilo que, como homens, fomos capazes de fazer, de nos envergonharmos desta máxima idolatria, de termos desprezado e destruído a nossa carne, aquela que vós formastes da lama, aquela que vivificastes com o vosso sopro de vida. Nunca mais, Senhor, nunca mais!".[20]

---

[19] FRANCISCO. *Discurso na Cerimônia de Boas-Vindas* (Tel Aviv – Israel, 25 de maio de 2014): *Insegnamenti* II/1 (2014), 604; *L'Osservatore Romano* (ed. semanal portuguesa de 31/5/2014), 7-8.

[20] FRANCISCO. *Invocação na Visita ao Memorial de Yad Vashem* (26 de maio de 2014): *AAS* 106 (2014), 228.

248. Não se devem esquecer os bombardeios atômicos de Hiroshima e Nagasaki. Uma vez mais, "aqui faço memória de todas as vítimas e me curvo diante da força e da dignidade das pessoas que, tendo sobrevivido àqueles primeiros momentos, suportaram durante muitos anos os sofrimentos mais agudos em seus corpos e, em suas mentes, os germes da morte que continuaram a consumir a sua energia vital [...]. Não podemos permitir que a geração atual e as novas gerações percam a memória do que aconteceu, aquela memória que é garantia e estímulo para construir um futuro mais justo e fraterno".[21] Também não devemos esquecer as perseguições, o comércio dos escravos e os massacres étnicos que se verificaram e verificam em vários países, e tantos outros fatos históricos que nos envergonham por sermos humanos. Devem ser recordados sempre, repetidamente, sem nos cansarmos nem anestesiarmos.

249. Hoje é fácil cair na tentação de virar a página, dizendo que já passou muito tempo e é preciso olhar adiante. Isso não, pelo amor de Deus! Sem memória, nunca se avança, não se evolui sem uma memória íntegra e luminosa. Precisamos manter "viva a chama da consciência coletiva, testemunhando às sucessivas

---

[21] FRANCISCO. *Discurso no Memorial da Paz* (Hiroshima – Japão, 24 de novembro de 2019): *L'Osservatore Romano* (ed. semanal portuguesa de 3/12/2019), 12.

gerações o horror daquilo que aconteceu", que, assim, "desperta e preserva a memória das vítimas, para que a consciência humana se torne cada vez mais forte contra toda vontade de domínio e destruição".[22] Precisam disso as próprias vítimas – indivíduos, grupos sociais ou nações –, para não cederem à lógica que leva a justificar as represálias e qualquer violência em nome do imenso mal que sofreram. Por isso, não me refiro só à memória dos horrores, mas também à recordação daqueles que, em meio a um contexto envenenado e corrupto, foram capazes de recuperar a dignidade e, com pequenos ou grandes gestos, optaram pela solidariedade, pelo perdão, pela fraternidade. É muito bom lembrar o bem.

Perdão sem esquecimentos

250. O perdão não significa esquecimento. Antes, mesmo que haja algo que de forma alguma pode ser negado, relativizado ou dissimulado, todavia, podemos perdoar. Mesmo que haja algo que jamais deve ser tolerado, justificado ou desculpado, todavia, podemos perdoar. Mesmo quando houver algo que, por nenhum motivo, devemos permitir-nos esquecer, todavia, podemos perdoar. O perdão livre e sincero é uma grandeza

---

[22] FRANCISCO. *Mensagem para o 53º Dia Mundial da Paz de 2020* (8 de dezembro de 2019), 2: *L'Osservatore Romano* (ed. semanal portuguesa de 17-24/12/2019), 8.

que reflete a imensidão do perdão divino. Se o perdão é gratuito, então se pode perdoar até a quem tem dificuldade de se arrepender e é incapaz de pedir perdão.

251. Aqueles que perdoam de verdade não esquecem, mas renunciam a deixar-se dominar pela mesma força destruidora que os feriu. Quebram o círculo vicioso, impedem o avanço das forças da destruição. Decidem não continuar a injetar na sociedade a energia da vingança que, mais cedo ou mais tarde, acaba por cair novamente sobre eles próprios. Com efeito, a vingança nunca sacia verdadeiramente a insatisfação das vítimas. Há crimes tão horrendos e cruéis que fazer sofrer quem os cometeu não serve para sentir que se reparou o dano; tampouco bastaria matar o criminoso, nem se poderiam encontrar torturas comparáveis àquilo que pode ter sofrido a vítima. A vingança não resolve nada.

252. Também não estamos falando de impunidade. Mas a busca pela justiça de modo adequado se dá somente por amor à própria justiça, por respeito às vítimas, para evitar novos crimes e visando preservar o bem comum, não como suposta descarga do próprio rancor. O perdão é precisamente o que permite buscar a justiça sem cair no círculo vicioso da vingança, nem na injustiça do esquecimento.

253. Se houve injustiças de ambas as partes, é preciso reconhecer claramente a possibilidade de não terem tido a mesma gravidade ou de não serem comparáveis. A violência exercida a partir das estruturas e do poder do Estado não está no mesmo nível que a violência de grupos particulares. Em todo caso, não se pode pretender que sejam recordados apenas os sofrimentos injustos de uma das partes. Como ensinaram os bispos da Croácia, "devemos o mesmo respeito a todas as vítimas inocentes. Não pode haver diferenças étnicas, confessionais, nacionais ou políticas".[23]

254. Peço a Deus que "prepare os nossos corações para o encontro com os irmãos, independentemente das diferenças de ideias, língua, cultura, religião; que unja todo o nosso ser com o óleo da sua misericórdia, que cura as feridas dos erros, das incompreensões, das controvérsias; [peço] a graça de nos enviar, com humildade e mansidão, pelos caminhos desafiadores, mas fecundos, da busca da paz".[24]

A guerra e a pena de morte

255. Há duas situações extremas que podem se apresentar como soluções em circunstâncias

---

[23] CONFERÊNCIA DOS BISPOS DA CROÁCIA. *Letter on the Fiftieth Anniversary of the End of the Second World War* (1º de maio de 1995).

[24] FRANCISCO. *Homilia na Santa Missa* (Amã – Jordânia, 24 de maio de 2014): *Insegnamenti* II/1 (2014), 593; *L'Osservatore Romano* (ed. semanal portuguesa de 31/5/2014), 3.

particularmente dramáticas, sem avisar que são respostas falsas, que não resolvem os problemas que pretendem superar e, em última análise, que nada mais fazem do que acrescentar novos fatores de destruição ao tecido da sociedade nacional e mundial. Trata-se da guerra e da pena de morte.

A injustiça da guerra

256. "É falso o coração dos que tramam o mal; aos que promovem a paz, acompanha-os a alegria" (Pr 12,20). No entanto, há quem busque soluções na guerra, que frequentemente "se alimenta com a perversão das relações, com as ambições hegemônicas, os abusos de poder, com o medo do outro e a diferença vista como obstáculo".[25] A guerra não é um fantasma do passado, mas tornou-se uma ameaça constante. O mundo encontra cada vez mais dificuldades no lento caminho da paz que empreendeu e começava a dar alguns frutos.

257. Dado que as condições para a proliferação de guerras estão sendo criadas novamente, lembro que "a guerra é a negação de todos os direitos e uma agressão dramática ao meio ambiente. Se queremos

---

[25] FRANCISCO. *Mensagem para o 53º Dia Mundial da Paz de 2020* (8 de dezembro de 2019), 1: *L'Osservatore Romano* (ed. semanal portuguesa de 17-24/12/2019), 8.

um desenvolvimento humano integral autêntico para todos, é preciso continuar incansavelmente no esforço de evitar a guerra entre as nações e os povos. Para isso, é preciso garantir o domínio incontestável do direito e o recurso incansável às negociações, aos mediadores e à arbitragem, como é proposto pela *Carta das Nações Unidas*, verdadeira norma jurídica fundamental".[26] Quero destacar que os setenta e cinco anos de existência das Nações Unidas e a experiência dos primeiros vinte anos deste milênio mostram que a plena aplicação das normas internacionais é realmente eficaz e que o seu descumprimento é nocivo. A *Carta das Nações Unidas*, respeitada e aplicada com transparência e sinceridade, é um ponto de referência obrigatório de justiça e um veículo de paz. Mas isso pressupõe não disfarçar intenções ilícitas nem colocar os interesses particulares de um país ou grupo acima do bem comum mundial. Se a norma é considerada um instrumento a ser usado quando é favorável e a ser evitado quando não o é, desencadeiam-se forças incontroláveis que prejudicam gravemente as sociedades, os mais frágeis, a fraternidade, o meio ambiente e os bens culturais, com prejuízos irrecuperáveis para a comunidade global.

---

[26] FRANCISCO. *Discurso à Organização das Nações Unidas* (Nova Iorque – Estados Unidos da América, 25 de setembro de 2015): *AAS* 107 (2015), 1041-1042.

258. Desse modo, facilmente se opta pela guerra, valendo-se de todo tipo de desculpas aparentemente humanitárias, defensivas ou preventivas, recorrendo-se, inclusive, à manipulação da informação. De fato, nas últimas décadas, todas as guerras pretenderam ter uma "justificativa". O *Catecismo da Igreja Católica* fala da possibilidade de uma legítima *defesa* por meio da força militar, o que supõe demonstrar a existência de algumas "condições rigorosas de legitimidade moral" (CIgC, n. 2309).[27] Mas cai-se facilmente em uma interpretação muito ampla desse possível direito. Assim, pretende-se indevidamente justificar, inclusive, ataques "preventivos" ou ações bélicas que dificilmente não acarretem "males e desordens mais graves do que o mal a eliminar" (CIgC, n. 2309). A questão é que, a partir do desenvolvimento das armas nucleares, químicas e biológicas e das enormes e crescentes possibilidades que oferecem as novas tecnologias, conferiu-se à guerra um poder destrutivo incontrolável, que atinge muitos civis inocentes. É verdade que "nunca a humanidade teve tanto poder sobre si mesma, e nada garante que o utilizará bem" (LS, n. 104). Assim, já não podemos pensar na guerra como solução, porque provavelmente os riscos sempre serão superiores à hipotética utilidade a ela atribuída. Diante dessa realidade, hoje é muito difícil sustentar os critérios racionais amadurecidos

---

[27] SANTA SÉ. *Catecismo da Igreja Católica*. Brasília: Edições CNBB, 2013.

em outros séculos para falar de uma possível "guerra justa". Nunca mais a guerra![28]

259. É importante acrescentar que, com o desenvolvimento da globalização, o que pode aparecer como solução imediata ou prática para uma região da Terra, desencadeia uma corrente de fatores violentos, muitas vezes subterrâneos, que acabam por atingir todo o planeta e abrir caminho para novas e piores guerras futuras. No nosso mundo, já não existem só "pedaços" de guerra em um país ou em outro, mas vive-se uma "guerra mundial em pedaços", porque os destinos dos países estão fortemente ligados entre si no cenário mundial.

260. Como dizia São João XXIII, "não é mais possível pensar que, nesta nossa era atômica, a guerra seja um meio apto para ressarcir direitos violados" (PT, n. 127).[29] Afirmava-o em um período de forte tensão internacional, manifestando, assim, o grande anseio de paz que se difundia nos tempos da Guerra Fria. Reforçou a convicção de que as razões da paz são mais fortes do que todo cálculo de interesses particulares e

---

[28] Mesmo Santo Agostinho, que elaborou uma ideia de "guerra justa" que hoje já não defendemos, disse que "matar a guerra com a palavra e alcançar e conseguir a paz com a paz e não com a guerra, é maior glória do que a dar aos homens com a espada" (*Epistula* 229, 2: *PL* 33, 1020).

[29] SÃO JOÃO XXIII. Carta Encíclica *Pacem in Terris*: sobre a paz de todos os povos na base da verdade, justiça, caridade e liberdade, 11 de abril de 1963.

toda confiança depositada no uso de armas. Mas, por falta de uma visão de futuro e de uma consciência compartilhada sobre o nosso destino comum, não se exploraram adequadamente as oportunidades que oferecia o fim da Guerra Fria. Em vez disso, cedeu-se à busca de interesses particulares, sem se preocupar com o bem comum universal. Assim, o fantasma enganador da guerra voltou a aparecer.

261. Toda guerra deixa o mundo pior do que o encontrou. A guerra é um fracasso da política e da humanidade, uma rendição vergonhosa, uma derrota diante das forças do mal. Não fiquemos em discussões teóricas, tomemos contato com as feridas, toquemos a carne de quem paga os danos. Voltemos o olhar para tantos civis massacrados como "danos colaterais". Perguntemos às vítimas. Prestemos atenção nos refugiados, naqueles que sofreram as radiações atômicas ou os ataques químicos, nas mulheres que perderam os filhos, nas crianças mutiladas ou privadas da sua infância. Consideremos a verdade dessas vítimas da violência, olhemos a realidade com os seus olhos e escutemos as suas histórias com o coração aberto. Assim, poderemos reconhecer o abismo do mal no coração da guerra, e não nos perturbará o fato de nos tratarem como ingênuos porque escolhemos a paz.

262. Tampouco serão suficientes as regras, caso se pense que a solução para os problemas atuais consiste em dissuadir os outros através do medo, ameaçando-os com o uso de armas nucleares, químicas ou biológicas. Com efeito, "se levarmos em consideração as principais ameaças contra a paz e a segurança com as suas múltiplas dimensões neste mundo multipolar do século XXI – por exemplo, o terrorismo, os conflitos assimétricos, a segurança cibernética, os problemas ambientais e a pobreza –, muitas dúvidas surgem acerca da insuficiência da dissuasão nuclear para responder de modo eficaz a tais desafios. Essas preocupações assumem ainda mais consistência quando consideramos as catastróficas consequências humanitárias e ambientais que derivam de qualquer utilização das armas nucleares com efeitos devastadores indiscriminados e incontroláveis no tempo e no espaço [...]. Devemos perguntar-nos também quão sustentável é um equilíbrio baseado no medo, quando de fato ele tende a aumentar o temor e a ameaçar as relações de confiança entre os povos. A paz e a estabilidade internacionais não podem ser fundadas em um falso sentido de segurança, na ameaça de uma destruição recíproca ou de uma aniquilação total, na manutenção de um equilíbrio de poder [...]. Em tal contexto, o objetivo final da eliminação total das armas nucleares torna-se um desafio, mas também um imperativo moral e humanitário [...]. A crescente interdependência e a globalização significam que a resposta que se der à ameaça de armas nucleares deve ser coletiva e planejada, baseada na confiança recíproca, que só pode ser construída através do diálogo sinceramente dirigido para o bem comum e não para a tutela de interesses velados ou particulares".[30] E, com o dinheiro usado em armas e em outras despesas militares, constituamos um Fundo Mundial (PP, n. 51), para acabar de vez com a fome e para o desenvolvimento dos países mais pobres, a fim de que os seus habitantes não recorram a soluções violentas ou enganadoras, nem precisem abandonar os seus países à procura de uma vida mais digna.

A pena de morte

263. Há outra maneira de eliminar o outro, não destinada aos países, mas às pessoas: é a pena de morte. São João Paulo II declarou, de forma clara e firme, que ela é inadequada no plano moral e não é mais necessária no plano penal (EV, n. 56).[31] Não é possível pensar em recuar a essa posição. Hoje, afirmamos com clareza que "a pena de morte é inadmissível",[32] e a Igreja

---

[30] FRANCISCO. *Mensagem à Conferência da ONU com a finalidade de negociar um instrumento juridicamente vinculante sobre a proibição das armas nucleares* (28 de março de 2017): *AAS* 109 (2017), 394-396.

[31] SÃO JOÃO PAULO II. Carta Encíclica *Evangelium Vitae*: sobre o valor e a inviolabilidade da vida humana, 25 de março de 1995.

[32] FRANCISCO. *Discurso na comemoração do 25º aniversário do Catecismo da Igreja Católica* (11 de outubro de 2017): *AAS* 109 (2017), 1196.

compromete-se decididamente a propor que seja abolida em todo o mundo.[33]

264. No Novo Testamento, ao mesmo tempo que se pede aos indivíduos para não fazerem justiça por si próprios (Rm 12,19), reconhece-se a necessidade de as autoridades imporem penas àqueles que praticam o mal (Rm 13,4; 1Pd 2,14). Com efeito, "a vida em comum, estruturada em torno de comunidades organizadas, precisa de regras de convivência cuja livre violação exige uma resposta adequada".[34] Isso implica que a autoridade pública legítima possa e deva "impor penas proporcionais à gravidade dos crimes"[35] e que se garanta ao poder judiciário "a necessária independência nos termos da lei".[36]

265. Desde os primeiros séculos da Igreja, alguns se manifestaram claramente contrários à pena de morte. Por exemplo, Lactâncio defendia que "não há qualquer distinção que se possa fazer: sempre

---

[33] CONGREGAÇÃO PARA A DOUTRINA DA FÉ. *Carta aos Bispos a respeito da nova redação do n. 2267 do* Catecismo da Igreja Católica *sobre a pena de morte* (1º de agosto de 2018): *L'Osservatore Romano* (ed. semanal portuguesa de 9/8/2018), 6-7 e 10.

[34] FRANCISCO. *Discurso a uma delegação da Associação Internacional de Direito Penal* (23 de outubro de 2014): *AAS* 106 (2014), 840.

[35] CONSELHO PONTIFÍCIO JUSTIÇA E PAZ. *Compêndio da Doutrina Social da Igreja*, 402.

[36] SÃO JOÃO PAULO II. *Discurso à Associação Nacional Italiana dos Magistrados* (31 de março de 2000), 4: *AAS* 92 (2000), 633.

será crime matar um homem".[37] O papa Nicolau I exortava: "Esforçai-vos por livrar da pena de morte não só cada um dos inocentes, mas também todos os culpados".[38] E, por ocasião do julgamento de alguns homicidas que assassinaram dois sacerdotes, Santo Agostinho pediu ao juiz que não tirassem a vida dos assassinos e justificou-o da seguinte maneira: "Não que sejamos contra a punição desses indivíduos perversos quando cometem delitos, mas queremos que, para esse fim, seja suficiente que, deixando-os vivos e sem mutilá-los em parte alguma do corpo, aplicando as leis repressivas, eles sejam afastados da sua agitação insana para serem reconduzidos a uma vida salutar e pacífica, ou que, afastados das suas ações perversas, sejam ocupados em algum trabalho útil. Também isso é uma condenação, mas quem não entenderia que se trata mais de um benefício que de uma tortura, uma vez que não se deixa campo livre à audácia da ferocidade, nem se retira o remédio do arrependimento? [...] Indigna-te contra a iniquidade, mas sem esqueceres a humanidade; não dês livre curso à volúpia da vingança contra as atrocidades dos pecadores, mas voltai a vossa vontade antes para curar as suas feridas".[39]

---

[37] *Divinae Institutiones* 6, 20, 17: *PL* 6, 708.

[38] *Epistula 97 (responsa ad consulta bulgarorum)*, 25: *PL* 119, 991.

[39] *Epistula ad Marcellinum* 133, 1.2: *PL* 33, 509.

266. Os medos e os rancores levam facilmente a entender as penas de maneira vingativa, se não cruel, em vez de considerá-las como parte de um processo de cura e reinserção na sociedade. Hoje, "tanto por parte de alguns setores da política como de certos meios de comunicação, por vezes incita-se à violência e à vingança, pública e privada, não só contra os responsáveis por crimes, mas também contra aqueles sobre os quais recai a suspeita, fundada ou não, de ter infringido a lei [...]. Há, por vezes, a tendência a construir deliberadamente inimigos: figuras estereotipadas, que concentram em si todas as características que a sociedade sente ou interpreta como ameaçadoras. Os mecanismos de formação dessas imagens são os mesmos que, outrora, permitiram a expansão das ideias racistas".[40] Isso tornou particularmente perigoso o costume crescente que há, em alguns países, de recorrer a prisões preventivas, a reclusões sem julgamento e, especialmente, à pena de morte.

267. Quero assinalar que "é impossível imaginar que hoje os Estados não possam dispor de outro meio, que não seja a pena de morte, para defender a vida de outras pessoas do agressor injusto". De particular gravidade são as chamadas execuções extrajudiciais ou extralegais, que "são homicídios deliberados cometidos por alguns Estados e pelos seus agentes, com frequência

---

[40] FRANCISCO. *Discurso a uma delegação da Associação Internacional de Direito Penal* (23 de outubro de 2014): *AAS* 106 (2014), 840-841.

apresentados como confrontos com delinquentes, ou como consequências indesejadas do uso razoável, necessário e proporcional da força para fazer cumprir a lei".[41]

268. "Os argumentos contrários à pena de morte são muitos e bem conhecidos. A Igreja frisou oportunamente alguns deles, como a possibilidade da existência de erro judicial e o uso que dela fazem os regimes totalitários e ditatoriais, que a utilizam como instrumento de supressão da dissidência política ou de perseguição das minorias religiosas e culturais, todas vítimas que, para as suas respectivas legislações, são 'criminosos'. Por conseguinte, todos os cristãos e homens de boa vontade são chamados hoje a lutar não só pela abolição da pena de morte, legal ou ilegal, em todas as suas formas, mas também para melhorar as condições carcerárias, em respeito à dignidade humana das pessoas privadas da liberdade. E relaciono isso com a prisão perpétua [...]. A prisão perpétua é uma pena de morte escondida".[42]

269. Lembremos que "nem o homicida perde a sua dignidade pessoal e o próprio Deus é o seu fiador" (EV, n. 9). A rejeição firme da pena de morte mostra até que ponto é possível reconhecer a dignidade inalienável de todo ser humano e aceitar que tenha um lugar neste

---

[41] Ibidem, *o. c.*, 842.

[42] Ibidem.

mundo. Visto que, se não o nego ao pior dos criminosos, não o negarei a ninguém, darei a todos a possibilidade de compartilhar comigo este planeta, apesar do que nos possa separar.

270. Aos cristãos que hesitam e se sentem tentados a ceder a qualquer forma de violência, convido-os a lembrar este anúncio do livro de Isaías: "De suas espadas, forjarão arados" (Is 2,4). Para nós, essa profecia se concretiza em Jesus Cristo, que, ao ver um discípulo excitado pela violência, disse com firmeza: "Guarda a espada! Todos os que usam da espada, pela espada perecerão" (Mt 26,52). Era um eco daquela antiga admoestação: "Da mão do ser humano cobrarei a vida do ser humano, de qualquer um em relação a seu irmão. Quem derramar sangue humano por mão humana terá seu sangue derramado" (Gn 9,5-6). Essa reação de Jesus, que brotou espontaneamente do seu coração, supera a distância dos séculos e chega até aos dias de hoje como um apelo incessante.

Capítulo VIII

AS RELIGIÕES A SERVIÇO DA FRATERNIDADE NO MUNDO

271. As várias religiões, ao partir do reconhecimento do valor de cada pessoa humana como criatura chamada a ser filho ou filha de Deus, oferecem uma preciosa contribuição para a construção da fraternidade e para a defesa da justiça na sociedade. O diálogo entre pessoas de diferentes religiões não se faz apenas por diplomacia, amabilidade ou tolerância. Como ensinaram os bispos da Índia, "o objetivo do diálogo é estabelecer amizade, paz, harmonia e partilhar valores e experiências morais e espirituais em espírito de verdade e amor".[1]

O fundamento último

272. Como pessoas que creem, pensamos que, sem uma abertura ao Pai de todos, não pode haver razões sólidas e estáveis para o apelo à fraternidade. Estamos convencidos de que, "só com esta consciência

---

[1] CONFERÊNCIA DOS BISPOS CATÓLICOS DA ÍNDIA. *Response of the church in India to the present day challenges* (9 de março de 2016).

de filhos que não são órfãos, podemos viver em paz entre nós".[2] Com efeito, "a razão, por si só, é capaz de ver a igualdade entre os homens e estabelecer uma convivência cívica entre eles, mas não consegue fundar a fraternidade" (CV, n. 19).

273. Nessa perspectiva, quero lembrar um texto memorável: "Se não existe uma verdade transcendente, na obediência à qual o homem adquire a sua plena identidade, então não há qualquer princípio seguro que garanta relações justas entre os homens. Com efeito, o seu interesse de classe, de grupo, de nação contrapõe-nos inevitavelmente uns aos outros. Se não se reconhece a verdade transcendente, triunfa a força do poder, e cada um tende a aproveitar-se ao máximo dos meios à sua disposição para impor o próprio interesse ou opinião, sem atender aos direitos do outro [...]. A raiz do totalitarismo moderno, portanto, deve ser individuada na negação da transcendente dignidade da pessoa humana, imagem visível de Deus invisível, e precisamente por isso, pela sua própria natureza, sujeito de direitos que ninguém pode violar: seja indivíduo, grupo, classe, nação ou Estado. Nem tampouco o pode fazer a maioria de um corpo social, lançando-se contra a minoria" (CA, n. 44).

---

[2] FRANCISCO. *Homilia na Missa matutina de Santa Marta* (17 de maio de 2020).

274. A partir da nossa experiência de fé e da sabedoria que vem se acumulando ao longo dos séculos, e aprendendo também com nossas inúmeras fraquezas e quedas, como pessoas que creem pertencentes a diversas religiões, sabemos que tornar Deus presente é um bem para as nossas sociedades. Buscar a Deus com coração sincero, desde que não o ofusquemos com os nossos interesses ideológicos ou instrumentais, ajuda a reconhecer-nos como companheiros de estrada, verdadeiramente irmãos. Julgamos que, "quando se pretende, em nome de uma ideologia, excluir Deus da sociedade, acaba-se adorando ídolos, e bem depressa o próprio homem se sente perdido, a sua dignidade é pisoteada e os seus direitos, violados. Conheceis bem a brutalidade a que pode conduzir a privação da liberdade de consciência e da liberdade religiosa, e como dessa ferida se gera uma humanidade radicalmente empobrecida, porque fica privada de esperança e de ideais".[3]

275. Temos de reconhecer que, "entre as causas mais importantes da crise do mundo moderno, se contam uma consciência humana anestesiada e o afastamento dos valores religiosos, bem como o predomínio do individualismo e das filosofias materialistas, que

---

[3] FRANCISCO. *Discurso no Encontro Inter-religioso* (Tirana – Albânia, 21 de setembro de 2014): *Insegnamenti* II/2 (2014), 277; *L'Osservatore Romano* (ed. semanal portuguesa de 25/9/2014), 11.

divinizam o homem e colocam os valores mundanos e materiais no lugar dos princípios supremos e transcendentes".[4] Não se pode admitir que, no debate público, só tenham voz os poderosos e os cientistas. Deve haver um lugar para a reflexão que procede de uma formação religiosa que reúne séculos de experiência e sabedoria. "Os textos religiosos clássicos podem oferecer um significado para todas as épocas, possuem uma força motivadora", mas de fato "são desprezados pela miopia dos racionalismos" (EG, n. 256).

276. Por essas razões, embora a Igreja respeite a autonomia da política, não relega a sua própria missão para a esfera do privado. Pelo contrário, "não pode nem deve ficar à margem" na construção de um mundo melhor, nem deixar de "despertar as forças espirituais" (DCE, n. 28) que possam fecundar toda a vida social. É verdade que os ministros religiosos não devem fazer política partidária, própria dos leigos, mas mesmo eles não podem renunciar à dimensão política da existência,[5] que implica uma atenção constante ao bem comum e a preocupação pelo desenvolvimento humano integral. A

---

[4] FRANCISCO; AL-TAYYEB, Ahmad. *Documento sobre a fraternidade humana em prol da paz mundial e da convivência comum* (Abu Dhabi, 4 de fevereiro de 2019): *L'Osservatore Romano* (ed. semanal portuguesa de 5/2/2019), 21.

[5] "O ser humano é um animal político" (ARISTÓTELES. *Política*, parágrafo 1253a, linhas 1-3).

Igreja "tem um papel público que não se esgota nas suas atividades de assistência ou de educação", mas busca a "promoção do homem e da fraternidade universal" (CV, n. 11). Não pretende disputar poderes terrenos, mas oferecer-se como "uma família entre as famílias – esta é a Igreja –, disponível [...] para testemunhar ao mundo de hoje a fé, a esperança e o amor ao Senhor, mas também àqueles que ele ama com predileção. Uma casa com as portas abertas... A Igreja é uma casa com as portas abertas, porque é mãe".[6] E como Maria, a Mãe de Jesus, "queremos ser uma Igreja que serve, que sai de casa, que sai dos seus templos, que sai das suas sacristias, para acompanhar a vida, sustentar a esperança, ser sinal de unidade [...] para construir pontes, abater muros, semear reconciliação".[7]

A identidade cristã

277. A Igreja valoriza a ação de Deus nas outras religiões e "nada rejeita do que há de verdadeiro e santo nessas religiões. Considera com sincero respeito seus modos de agir e de viver, seus preceitos e suas doutrinas que [...] refletem, todavia, raios daquela verdade que

---

[6] FRANCISCO. *Discurso no encontro com a comunidade católica* (Rakovsky – Bulgária, 6 de maio de 2019): *L'Osservatore Romano* (ed. semanal portuguesa de 7/5/2019), 9.

[7] FRANCISCO. *Homilia durante a Santa Missa* (Santiago de Cuba, 22 de setembro de 2015): *AAS* 107 (2015), 1005.

ilumina todos os homens" (NA, n. 2).[8] Todavia, como cristãos, não podemos esconder que, "se a música do Evangelho parar de vibrar nas nossas entranhas, perderemos a alegria que brota da compaixão, a ternura que nasce da confiança, a capacidade da reconciliação que encontra a sua fonte no fato de sabermos que sempre somos perdoados-enviados. Se a música do Evangelho deixar de tocar nas nossas casas, nas nossas praças, nos postos de trabalho, na política e na economia, teremos extinguido a melodia que nos desafiava a lutar pela dignidade de cada homem".[9] Outros bebem de outras fontes. Para nós, essa fonte de dignidade humana e fraternidade está no Evangelho de Jesus Cristo. Dele brota, "para o pensamento cristão e para a ação da Igreja, o primado reservado à relação, ao encontro com o mistério sagrado do outro, à comunhão universal com a humanidade inteira, como vocação de todos".[10]

278. Chamada a encarnar-se em todas as situações e presente através dos séculos em todo lugar da

---

[8] CONCÍLIO VATICANO II. Declaração *Nostra Aetate*: sobre a Igreja e as religiões não cristãs. In: SANTA SÉ. *Concílio Ecumênico Vaticano II*: Documentos. Brasília: Edições CNBB, 2018, p. 659-667.

[9] FRANCISCO. *Discurso no encontro ecumênico* (Riga – Letônia, 24 de setembro de 2018): *L'Osservatore Romano* (ed. semanal portuguesa de 27/9/2018), 11.

[10] FRANCISCO. Lectio divina *na Pontifícia Universidade Lateranense* (26 de março de 2019): *L'Osservatore Romano* (ed. semanal portuguesa de 9/4/2019), 6.

terra – isso significa "católica" –, a Igreja pode, a partir da sua experiência de graça e pecado, compreender a beleza do convite ao amor universal. Com efeito, "tudo o que é humano nos diz respeito [...]; onde quer que as assembleias dos povos se reúnam para determinar os direitos e os deveres do homem, sentimo-nos honrados, quando eles nos permitem, de nos reunirmos" (ES, n. 54).[11] Para muitos cristãos, esse caminho de fraternidade tem também uma Mãe, chamada Maria. Ela recebeu junto da Cruz esta maternidade universal (Jo 19,26) e cuida não só de Jesus, mas também do "restante dos filhos dela" (Ap 12,17). Com o poder do Ressuscitado, ela quer dar à luz um mundo novo, onde todos sejamos irmãos, onde haja lugar para todos os rejeitados de nossas sociedades, onde resplandeçam a justiça e a paz.

279. Como cristãos, pedimos que, nos países onde somos minoria, nos seja garantida a liberdade, tal como nós a favorecemos para aqueles que não são cristãos onde eles são minoria. Existe um direito humano fundamental que não deve ser esquecido no caminho da fraternidade e da paz: é a liberdade religiosa para as pessoas que creem de todas as religiões. Essa liberdade manifesta que podemos "encontrar um bom

---

[11] SÃO PAULO VI. Carta Encíclica *Ecclesiam Suam*: sobre os caminhos da Igreja, 6 de agosto de 1964.

acordo entre culturas e religiões diferentes; testemunha que as coisas que temos em comum são tantas e tão importantes que é possível identificar um caminho de convivência serena, ordenada e pacífica, na aceitação das diferenças e na alegria de sermos irmãos porque somos filhos de um único Deus".[12]

280. Ao mesmo tempo, pedimos a Deus que fortaleça a unidade dentro da Igreja, unidade que se enriquece com diferenças que se reconciliam pela ação do Espírito Santo. Com efeito, "fomos batizados num só Espírito, para formarmos um só corpo" (1Cor 12,13), no qual cada um presta a sua contribuição particular. Como dizia Santo Agostinho, "o ouvido vê através do olho, e o olho escuta através do ouvido".[13] Também é urgente continuar a dar testemunho de um caminho de encontro entre as várias confissões cristãs. Não podemos esquecer o desejo expresso por Jesus: "Que todos sejam um" (Jo 17,21). Ao escutar o seu convite, reconhecemos com tristeza que, no processo de globalização, falta ainda a contribuição profética e espiritual da unidade entre todos os cristãos. Todavia, "apesar de estarmos ainda a caminho para a plena comunhão, já temos o dever de oferecer um testemunho comum do

---

[12] FRANCISCO. *Discurso às autoridades* (Belém – Palestina, 25 de maio de 2014): *Insegnamenti* II/1 (2014), 597; *L'Osservatore Romano* (ed. semanal portuguesa de 31/5/2014), 5.

[13] SANTO AGOSTINHO. *Enarrationes in Psalmos* 130, 6: *PL* 37, 1707.

amor de Deus por todas as pessoas, trabalhando em conjunto a serviço da humanidade".[14]

Religião e violência

281. Entre as religiões, é possível um caminho de paz. O ponto de partida deve ser o olhar de Deus. Porque, "Deus não olha com os olhos, Deus olha com o coração. E o amor de Deus é o mesmo para cada pessoa, seja qual for a religião. E se é um ateu, é o mesmo amor. Quando chegar o último dia e houver a luz suficiente na terra para poder ver as coisas como são, não faltarão surpresas!".[15]

282. Também "os que creem precisam encontrar espaços para dialogar e atuar juntos pelo bem comum e pela promoção dos mais pobres. Não se trata de nos tornarmos todos mais volúveis nem de escondermos as convicções próprias que nos apaixonam, para podermos encontrar-nos com outros que pensam de maneira diferente [...]. Com efeito, quanto mais profunda, sólida e rica for uma identidade, mais enriquecerá os outros com a sua contribuição específica" (QA, n. 106). Como

---

[14] FRANCISCO; PATRIARCA ECUMÊNICO BARTOLOMEU. *Declaração conjunta* (Jerusalém – Israel, 25 de maio de 2014), 5: *L'Osservatore Romano* (ed. semanal portuguesa de 31/5/2014), 22.

[15] Do filme de Wim Wenders *O Papa Francisco – Um homem de palavra. A esperança é uma mensagem universal* (2018).

pessoas que creem, somos desafiados a retornar às nossas fontes para nos concentrarmos no essencial: a adoração a Deus e o amor ao próximo, para que alguns aspectos da nossa doutrina, fora do seu contexto, não acabem por alimentar formas de desprezo, ódio, xenofobia, negação do outro. A verdade é que a violência não encontra fundamento algum nas convicções religiosas fundamentais, mas nas suas deformações.

283. O culto sincero e humilde a Deus "não leva à discriminação, ao ódio e à violência, mas ao respeito pela sacralidade da vida, ao respeito pela dignidade e pela liberdade dos outros e a um solícito compromisso em prol do bem-estar de todos".[16] Na realidade, "quem não ama, não conhece a Deus, porque Deus é amor" (1Jo 4,8). Por isso, "o terrorismo execrável que ameaça a segurança das pessoas, tanto no Oriente como no Ocidente, tanto no Norte como no Sul, espalhando pânico, terror e pessimismo, não se deve à religião – embora os terroristas a instrumentalizem –, mas tem origem em interpretações erradas dos textos religiosos, nas políticas de fome, de pobreza, de injustiça, de opressão, de arrogância; por isso, é necessário deixar de apoiar os movimentos terroristas através do fornecimento de dinheiro, de armas, de planos ou justificações e também da cobertura midiática, e considerar tudo isso

---

[16] FRANCISCO. *Homilia durante a Santa Missa* (Colombo – Sri Lanka, 14 de janeiro de 2015): *AAS* 107 (2015), 139.

como crimes internacionais que ameaçam a segurança e a paz mundial. É preciso condenar tal terrorismo em todas as suas formas e manifestações".[17] As convicções religiosas sobre o sentido sagrado da vida humana consentem-nos "reconhecer os valores fundamentais da nossa humanidade comum, valores em nome dos quais se pode e se deve colaborar, construir e dialogar, perdoar e crescer, permitindo que o conjunto das diferentes vozes forme um canto nobre e harmonioso, e não gritos fanáticos de ódio".[18]

284. Às vezes, a violência fundamentalista desencadeia-se em alguns grupos de qualquer religião pela imprudência dos seus líderes. Mas "o mandamento da paz está inscrito nas profundezas das tradições religiosas que nós representamos [...]. Nós, líderes religiosos, somos chamados a ser verdadeiros 'dialogantes', a agir na construção da paz, e não como intermediários, mas como mediadores autênticos. Os intermediários procuram contentar todas as partes, com a finalidade de obter lucro para si mesmos. O mediador, ao contrário, é aquele que nada reserva para si próprio, mas que se

---

[17] FRANCISCO; AL-TAYYEB, Ahmad. *Documento sobre a fraternidade humana em prol da paz mundial e da convivência comum* (Abu Dhabi, 4 de fevereiro de 2019): *L'Osservatore Romano* (ed. semanal portuguesa de 5/2/2019), 22.

[18] FRANCISCO. *Discurso no encontro com as autoridades e o corpo diplomático* (Sarajevo – Bósnia-Herzegovina, 6 de junho de 2015): *L'Osservatore Romano* (ed. semanal portuguesa de 11/6/2015), 3.

dedica generosamente, até se consumir, consciente de que o único lucro é a paz. Cada um de nós é chamado a ser um artífice da paz, unindo e não dividindo, extinguindo o ódio em vez de conservá-lo, abrindo caminhos de diálogo em vez de erguer novos muros".[19]

Apelo

285. Naquele encontro fraterno, que recordo jubilosamente, com o Grande Imã Ahmad Al-Tayyeb, "declaramos – firmemente – que as religiões nunca incitam à guerra e não solicitam sentimentos de ódio, hostilidade, extremismo, nem convidam à violência ou ao derramamento de sangue. Essas calamidades são fruto de desvio dos ensinamentos religiosos, do uso político das religiões e também das interpretações de grupos de homens de religião que abusaram – em algumas fases da história – da influência do sentimento religioso sobre os corações dos homens [...]. Com efeito, Deus, o Todo-Poderoso, não precisa ser defendido por ninguém e não quer que o seu nome seja usado para aterrorizar as pessoas".[20] Por isso, quero retomar aqui o apelo à paz, à justiça e à fraternidade que fizemos juntos:

---

[19] FRANCISCO. *Discurso no Encontro internacional organizado pela Comunidade de Santo Egídio* (30 de setembro de 2013): *Insegnamenti* I/2 (2013), 301-302; *L'Osservatore Romano* (ed. semanal portuguesa de 6/10/2013), 11.

[20] FRANCISCO; AL-TAYYEB, Ahmad. *Documento sobre a fraternidade humana em prol da paz mundial e da convivência comum* (Abu Dhabi, 4 de fevereiro de 2019): *L'Osservatore Romano* (ed. semanal portuguesa de 5/2/2019), 22.

Em nome de Deus, que criou todos os seres humanos iguais nos direitos, nos deveres e na dignidade e os chamou a conviver entre si como irmãos, a povoar a terra e a espalhar sobre ela os valores do bem, da caridade e da paz.

Em nome da alma humana inocente que Deus proibiu de matar, afirmando que qualquer um que mate uma pessoa é como se tivesse matado toda a humanidade, e quem quer que salve uma pessoa é como se tivesse salvado toda a humanidade.

Em nome dos pobres, dos miseráveis, dos necessitados e dos marginalizados, a quem Deus ordenou socorrer como um dever exigido a todos os homens e, de modo particular, às pessoas ricas e abastadas.

Em nome dos órfãos, das viúvas, dos refugiados e dos exilados das suas casas e dos seus países; de todas as vítimas das guerras, das perseguições e das injustiças; dos fracos, dos que vivem no medo, dos prisioneiros de guerra e dos torturados em qualquer parte do mundo, sem distinção alguma.

Em nome dos povos que perderam a segurança, a paz e a convivência comum, tornando-se vítimas das destruições, das ruínas e das guerras.

Em nome da "fraternidade humana", que abraça todos os homens, une-os e torna-os iguais.

Em nome desta fraternidade, dilacerada pelas políticas de integralismo e divisão, pelos sistemas de lucro desmedido e pelas tendências ideológicas odiosas, que manipulam as ações e os destinos dos homens.

Em nome da liberdade, que Deus deu a todos os seres humanos, criando-os livres e enobrecendo-os com ela.

Em nome da justiça e da misericórdia, fundamentos da prosperidade e pilares da fé.

Em nome de todas as pessoas de boa vontade, presentes em todos os cantos da terra.

Em nome de Deus e de tudo isso, [...] declaramos adotar a cultura do diálogo como caminho; a colaboração comum como conduta; o conhecimento mútuo como método e critério.[21]

***

286. Neste espaço de reflexão sobre a fraternidade universal, senti-me motivado especialmente por São Francisco de Assis e por outros irmãos que não são católicos: Martin Luther King, Desmond Tutu, Mahatma Mohandas Gandhi e muitos outros. Mas quero terminar lembrando outra pessoa de profunda fé, que, a partir da sua intensa experiência de Deus, realizou um caminho de transformação até se sentir irmão de todos. Refiro-me ao Beato Charles de Foucauld.

---

[21] Ibidem.

287. O seu ideal de uma entrega total a Deus encaminhou-o para uma identificação com os últimos, os mais abandonados no interior do deserto africano. Naquele contexto, afloravam os seus desejos de sentir todo ser humano como um irmão,[22] e pedia a um amigo: "Peça a Deus que eu seja realmente o irmão de todos".[23] Enfim, queria ser "o irmão universal".[24] Mas somente se identificando com os últimos é que chegou a ser irmão de todos. Que Deus inspire esse ideal a cada um de nós! Amém.

Oração ao Criador

Senhor e Pai da humanidade,

que criastes todos os seres humanos
com a mesma dignidade,

infundi nos nossos corações um espírito de irmãos.

Inspirai-nos o sonho de um novo encontro,
de diálogo, de justiça e de paz.

Estimulai-nos a criar sociedades mais sadias e um mundo mais digno,

sem fome, sem pobreza, sem violência, sem guerras.

---

[22] FOUCAULD, Charles de. *Meditação sobre o Pai-Nosso* (23 de janeiro de 1897): *Opere spirituali* (Roma, 1983), 555-562.

[23] FOUCAULD, Charles de. *Carta a Henry de Castries* (29 de novembro de 1901).

[24] FOUCAULD, Charles de. *Carta a Madame de Bondy* (7 de janeiro de 1902). Assim o designava também São Paulo VI, elogiando o seu serviço: PP, n. 12.

Que o nosso coração se abra
a todos os povos e nações da terra,
para reconhecer o bem e a beleza
que semeastes em cada um deles,
para estabelecer laços de unidade,
de projetos comuns,
de esperanças compartilhadas. Amém.

Oração cristã ecumênica

Deus nosso, Trindade de amor,
a partir da poderosa comunhão
da vossa intimidade divina,
derramai no meio de nós o rio do amor fraterno.
Dai-nos o amor que transparecia nos gestos de Jesus,
na sua família de Nazaré e na primeira
comunidade cristã.
Concedei-nos, a nós cristãos,
que vivamos o Evangelho
e reconheçamos Cristo em cada ser humano,
para o vermos crucificado nas angústias
dos abandonados
e dos esquecidos deste mundo,
e ressuscitado em cada irmão que se levanta.

Vinde, Espírito Santo! Mostrai-nos a vossa beleza
refletida em todos os povos da terra,
para descobrirmos que todos são importantes,
que todos são necessários, que são rostos diferentes
da mesma humanidade amada por Deus. Amém.

*Dado em Assis, junto do túmulo de
São Francisco, na véspera da Memória litúrgica
do referido Santo, 3 de outubro do ano 2020,
oitavo do meu pontificado.*

Franciscus

SUMÁRIO

LISTA DE SIGLAS 5

Capítulo I

AS SOMBRAS DE UM MUNDO FECHADO 13

Sonhos desfeitos em pedaços 13

Sem um projeto para todos 17

Globalização e progresso sem um rumo comum 26

As pandemias e outros flagelos da história 29

Sem dignidade humana nas fronteiras 32

A ilusão da comunicação 35

Sujeições e autodepreciação 41

Esperança 42

Capítulo II

UM ESTRANHO NO CAMINHO 45

A perspectiva de fundo 46

O abandonado 50

Uma história que se repete 53

As personagens 55

Recomeçar 59

O próximo sem fronteiras 61

A provocação do forasteiro 63

Capítulo III

PENSAR E GERAR UM MUNDO ABERTO 65

Mais além 66

A progressiva abertura do amor 70

Superar um mundo de sócios 74

Amor universal que promove as pessoas 77

Promover o bem moral 80

Repropor a função social da propriedade 84

Capítulo IV

UM CORAÇÃO ABERTO AO MUNDO INTEIRO 93

O limite das fronteiras 93

Os dons recíprocos 96

Local e universal 101

Capítulo V

A MELHOR POLÍTICA 111

Populismos e liberalismos 111

O poder internacional 122

Uma caridade social e política 126

A atividade do amor político 132

Mais fecundidade que resultados 138

Capítulo VI

DIÁLOGO E AMIZADE SOCIAL 143

O diálogo social para uma nova cultura 143

A base dos consensos 148

Uma nova cultura 153

Recuperar a amabilidade 158

Capítulo VII

CAMINHOS DE UM NOVO ENCONTRO 161

Recomeçar a partir da verdade 161

A arquitetura e o artesanato da paz 163

O valor e o significado do perdão 169

A memória 175

A guerra e a pena de morte 180

Capítulo VIII

AS RELIGIÕES A SERVIÇO
DA FRATERNIDADE NO MUNDO 193

O fundamento último 193

Religião e violência 201

Apelo 204

Rua Dona Inácia Uchoa, 62
04110-020 – São Paulo – SP (Brasil)
Tel.: (11) 2125-3500
http://www.paulinas.com.br – editora@paulinas.com.br
Telemarketing e SAC: 0800-7010081